DISPOSITIONS LÉGALES

et Commentaires

Concernant le Service des Sapeurs-Pompiers communaux

———•○•———

Publié par les soins de l'Union Départementale des Sapeurs-Pompiers de l'Ain

BOURG

IMPRIMERIE DU " COURRIER DE L'AIN "

18, Rue Lalande, 18

—

1913

DÉDIÉ

A Monsieur Alexandre BÉRARD

Sénateur de l'Ain
Président du Conseil général

A Monsieur Charles RABANY

Directeur Honoraire au Ministère de l'Intérieur
Membre du Conseil Supérieur des Sapeurs-Pompiers
Auteur des " Sapeurs Communaux " (1)

Aux Sapeurs du Xe Collège

DOCUMENTS

RÉUNIS PAR LE COMMANDANT SOUEL

des Sapeurs-Pompiers de l'Ain (2)

I. — AUX MAIRES
II. — AUX MUNICIPALITÉS ET AUX SAPEURS
III. — ANNEXE

Bourg, Septembre 1913.

(1) Editeur : Maison A. Giroult, *Les Sapeurs Communaux*, de C. Rabany. — Prix, avec le Supplément : 4 francs.
Maison spéciale de fournitures pour Sapeurs-Pompiers et Administrations : Paris, 16, rue Coquillère et 50-51, rue J.-J. Rousseau.

(2) Imprimerie du *Courrier de l'Ain*, à Bourg. — Prix : Un franc.

AVANT-PROPOS

Aux Municipalités,

Aux Officiers des Sapeurs-Pompiers,

Aux Sapeurs,

Ayant réuni dans cet opuscule les diverses dispositions légales concernant le service des Sapeurs-Pompiers, j'ai crû bien d'y comprendre les principaux « Commentaires » de M. Ch. Rabany, universellement connu comme le meilleur Conseil en la matière.

M. Rabany me pardonnera d'avoir pillé son ouvrage justement estimé « Les Sapeurs communaux » quand il saura qu'ainsi faisant je n'envisageai que la satisfaction de pouvoir être utile à mes camarades les Sapeurs-Pompiers, et notamment à ceux du 10e collège, en reconnaissance de la sympathie qu'ils m'ont témoignée à deux reprises ; en me confiant leur représentation au Conseil supérieur, près le Ministre de l'Intérieur.

M. Rabany a pardonné le pillage puisque, approuvant cette publication, il en a accepté la dédicace ; ce dont je suis très honoré et j'ai tout lieu d'être fier.

Qu'il accepte ma reconnaissance.

En émaillant le texte de quelques avis pratiques glanés dans nos réunions du Conseil supérieur, et au cours de mes visites aux Sapeurs du 10e collège, j'ai voulu donner le cachet de l'originalité à cette œuvre que je me suis imposée.

J'ai voulu surtout être utile à nos Sapeurs-Pompiers.

Si le but est atteint, j'en serai ravi.

La publication de cet opuscule est confiée à l'Union départementale des Sapeurs de l'Ain pour le modeste profit qu'elle en tirera, être affecté à ses services de l'Instruction professionnelle et de la Caisse des Retraites.

Messieurs et Camarades,

C'est donc faire œuvre utile que demander : « les dispositions légales concernant les Sapeurs-Pompiers » au gestionnaire de l'Union départementale.

Bourg, Août 1913.

I

AUX MAIRES

Chapitres | | Pages

Aux Maires

I. — Charges communales.

Quels que soient les avantages accordés par la commune aux Sapeurs-Pompiers sous forme de rémunération ou d'indemnités, il n'en reste pas moins à sa charge toutes les dépenses inhérentes au service des Sapeurs-Pompiers :

1° *a)* réparations et améliorations utiles au matériel des secours, et aux divers agrès ;

b) aménagement et entretien des locaux affectés à ce matériel ;

c) entretien des objets d'équipement : casque et ceinture forte avec cordage, aux sapeurs de l'équipe d'attaque ;

d) entretien des effets d'habillement (tenue de feu) ;

e) registres et tous imprimés de service ;

f) le chauffage, l'éclairage et le mobilier des postes et du local servant aux réunions du Conseil du Corps ; (art. 36 du décret du 10 novembre 1903).

2° Les pensions et secours dont elle n'est pas exhonérée par la loi du 31 juillet 1907, savoir :

a) les frais médicaux et pharmaceutiques ;

b) une indemnité journalière pendant le temps que dure l'incapacité de travail, le taux étant le même pour tous, sans distinction de grade ;

c) en cas de décès, les frais funéraires fixés par le Maire, sauf ratification par le Conseil municipal ;

3° les allocations de vieillesse aux Sapeurs ayant 60 ans révolus et accompli 30 années de services.

Ces dépenses sont obligatoires pour la commune, en vertu de l'engagement financier qu'elle a du prendre pour obtenir l'autorisation de former un corps régulier de Sapeurs-Pompiers, et pour une durée de 15 ans (art. 3 du décret du 10 novembre 1903).

Si donc le Conseil municipal n'allouait pas les fonds suffisants, le Préfet pourrait, tant que dure cet engagement, inscrire d'office la dépense au budget, par un arrêté pris en Conseil de Préfecture.

Le caractère d'obligation s'applique non seulement à l'inscription de la dépense au budget, mais aussi au mandatement par le Maire.

Les dépenses pour indemnités en suite d'accidents puisent leur caractère d'obligation pour la commune dans les lois et décrets suivants :

« Les gradés et sapeurs, sans distinction de grade, qui, dans leur « service, ont reçu des blessures ou contracté une maladie entraînant « une incapacité de travail personnel, temporaire ou permanente, « ont droit à des secours ou à des pensions. »

« Veuves et enfants de ceux qui ont péri dans le service, ou qui « sont morts des blessures reçues ou des maladies contractées dans « le service, ont droit également à des secours ou à des pensions. » (Art. 1er, loi du 5 avril 1851).

« Secours et pensions sont dûs :

« 1° Si l'accident est dans un incendie, par la commune sur la- « quelle était cet incendie ;

« 2° Dans tout autre service, par la commune à laquelle appar- « tient le corps des Sapeurs dont fait partie l'accidenté ». (Art. 3 même loi).

« Dans le mois au plus tard de la constatation de l'accident, le « Conseil municipal de la commune débitrice sera réuni pour procé- « der à la liquidation des secours ou des pensions ». (Art. 4 même loi.

« Les secours et pensions sont accordés dans la proportion des « besoins de celui ou ceux qui les réclament, et des ressources de la « commune ». (Art 5 même loi).

« La délibération du Conseil municipal peut être attaquée par « toute partie intéressée. Le recours est porté devant le Conseil géné- « ral qui statue comme jury d'Equité ». (Art. 6 même loi).

« Secours ou pensions liquidés seront portés au budget de la com- « mune comme dépenses obligatoires ». (Art. 7 même loi).

II. — Contribution financière par l'Etat.

Une taxe spéciale de 6 francs par million de capital assuré a été imposée aux compagnies d'assurances-incendie ; sur les produits de laquelle un crédit est annuellement inscrit au budget du Ministère de l'Intérieur ; pour permettre à l'Etat de venir en aide aux communes, dans les charges qui leur incombent du fait de leurs Sapeurs-Pompiers, et sous ce titre : Subventions aux communes pour les Sapeurs-Pompiers et le matériel d'incendie.

« Sur ce crédit, il est prélevé d'abord les sommes nécessaires à la « Caisse d'assurance contre les accidents pour la constitution de pen-

« sions viagères aux Sapeurs-Pompiers, en cas de blessures ou d'ac-
« cidents graves entraînant une incapacité de travail permanente,
« absolue ou partielle ; ou à leurs veuves et orphelins mineurs, en
« cas de décès ». (Art. 1er, loi du 31 juillet 1907, extrait).

« La pension viagère à laquelle a droit le Sapeur-Pompier atteint,
« en service commandé, d'une incapacité de travail permanente et
« absolue est de 730 francs dans toutes les communes ». (Art. 2 même loi).

« La pension viagère pour incapacité permanente et partielle de
« travail est de 500 francs au maximum ». (Art. 2 même loi).
Mais cette pension peut être réduite à 1/10e : perte d'un doigt.

« Les pensions allouées pour incapacité permanente totale et par-
« tielle de travail sont fixées par la Commission instituée au Ministère
« de l'Intérieur. Toutes les pensions sont reversibles jusqu'à concur-
« rence des 2/3 sur la veuve ou les orphelins mineurs du Sapeur-
« Pompier ». (Art. 3 même loi).

Aux termes de cette loi, les accidents ayant entraîné l'incapacité permanente ou la mort du Sapeur sont réglés, en principe, par l'Etat.

C'est le décret du 1er février 1910 qui porte règlement pour l'application de cette loi du 31 juillet 1907.

« Lorsque l'accident de service n'a pas entraîné la mort, un méde-
« cin assermenté constate l'état du blessé et spécifie si l'accident en-
« traînera une incapacité permanente de travail absolue ou partielle,
« et à quelle époque il sera possible de la déterminer » (art. 6) dans un certificat qu'il fait légaliser pour ensuite le remettre au chef de corps de l'accidenté.

Celui-ci de son côté, fait un rapport de l'accident présumé ayant déterminé cette incapacité.

Y joignant le certificat médical, il remet ces pièces au Maire, lequel à son tour dresse procès-verbal.

Le dossier doit contenir en outre :

« *a)* pour le sapeur : son acte de naissance ;

« *b)* pour la veuve : son acte de naissance et son acte de mariage,
« ainsi que les pièces justifiant qu'elle n'est ni séparée de corps, en
« suite d'un jugement rendu au profit du mari, ni divorcée ; l'acte
« de naissance et l'acte de décès du mari ;

« *c)* pour les enfants mineurs : outre les actes demandés à la veuve,
« leur acte de naissance et un certificat du juge de paix délivré sur
« l'attestation de deux témoins ; ledit certificat constatant les noms
« et le nombre des enfants mineurs laissés par le Sapeur-Pompier ».
(Art. 7).

« Le Conseil municipal est appelé à donner son avis par une déli-

« bération qui doit être jointe au dossier, que le Maire fait parvenir « d'urgence au Sous-Préfet avec la demande de pension ». (Art. 6).

« Le dossier est communiqué, dans un délai de huit jours, à un « comité institué au chef-lieu de chaque arrondissement, lequel « donne son avis, tant sur le caractère permanent ou temporaire de « l'incapacité que sur le chiffre auquel pourrait être fixée la pension « au cas où l'incapacité ne serait que partielle ». (Art 9, extrait).

« Le dossier est ensuite transmis par le Préfet au Ministre de l'In- « térieur qui le soumet à la Commission de répartition, appelée à « statuer ». (Art. 10).

« Au cas où l'incapacité permanente et partielle dégénèrerait, « dans les deux ans à partir de la décision de cette commission, en « incapacité absolue, par suite des conséquences de l'accident primi- « tif, elle donne droit à révision et à l'allocation de la pension con- « séquente ». (Art. 10).

« Lorsque la Commission a décidé que l'incapacité n'est que tem- « poraire, le dossier est renvoyé au Maire de la commune débitrice « des secours et de l'indemnité journalière ». (Art. 10, extrait).

« Les pensions sont concédées avec jouissance du jour de l'acci- « dent, et du lendemain du décès du Sapeur pensionné ». (Art. 11, extrait).

« Mais cette loi du 31 juillet 1907 qu'il ne faut pas étendre au delà « de ses dispositions a laissé subsister cette obligation, imposée aux « communes par la loi du 5 avril 1851, de donner des secours ou des « pensions à leurs Sapeurs-Pompiers victimes d'accidents survenus « en service commandé ». (Rabany).

Aussi les art. 13 à 17 du décret du 1er février 1910 ne font que régler les droits des Sapeurs-Pompiers.

Art. 13. — « Les secours pour soins médicaux et fournitures phar- « maceutiques, ainsi que l'indemnité journalière pour incapacité de « travail temporaire, auxquels a droit le Sapeur-Pompier victime « d'un accident de service, sont alloués par le Conseil municipal, sur « le rapport du chef de corps constatant que les blessures ou la ma- « ladie sont la conséquence d'un accident survenu en service com- « mandé, et au vu d'un certificat délivré par un médecin assermenté, « lequel doit déterminer la durée probable de l'incapacité ».

« L'indemnité pour incapacité de travail est égale au prix de jour- « née de la pension à laquelle aurait droit le Sapeur si l'incapacité « était permanente ».

Mais il est deux indemnités pour incapacité permanente, selon qu'elle est absolue ou partielle. Nous estimons que c'est à la première que le Conseil municipal doit se reporter : 730 francs, ce qui porte à 2 francs l'indemnité journalière ; formant d'ailleurs un faible maximum, puisqu'il est moindre que ce qu'aurait obtenu le Sapeur s'il avait été victime d'un accident de travail chez son patron.

D'ailleurs, le décret du 12 juillet 1899 indiquait : « cette indemnité « calculée sur la valeur de la journée moyenne dans la commune débitrice » certainement supérieure toujours à 2 francs.

L'art. 13 stipule encore que « dès le jour de l'accident, le Maire « peut subvenir aux premiers besoins de l'accidenté, sur les fonds du « chapitre spécial du budget municipal — Sapeurs-Pompiers — sauf « ratification par le Conseil municipal ».

Il importe donc que dans chaque commune ce chapitre spécial soit inscrit au budget municipal.

Art. 14. — « En cas de décès du Sapeur à la suite d'accident de ser « vice, sa famille a droit à la gratuité des frais funéraires, et elle « reçoit l'allocation fixée à cet effet par le Conseil municipal ».

Art. 15. — « Les secours, indemnités et allocations prévus aux « art. 13 et 14 sont à la charge de la commune à laquelle appartient « le corps dont le Sapeur faisait partie. Toutefois si l'accident s'est « produit, en cas de service de secours, sur le territoire d'une autre « commune, ces dépenses incombent à cette dernière ». (1)

Art. 16. — « La commune supporte définitivement les frais médi- « caux et pharmaceutiques, ainsi que les frais funéraires ».

« Elle peut, au contraire, lorsque le Sapeur, sa veuve ou ses orphe- « lins mineurs ont obtenu la pension réglée par les soins de l'Etat, « se faire rembourser, à concurrence des arrérages échus de cette « pension, les indemnités qu'elle a payées pour incapacité de travail ».

Art. 17. — « Si l'incapacité de travail se prolonge au delà du terme « prévu dans la demande, un certificat médical doit être produit à « l'appui de la nouvelle demande ».

III. — Assurance libre et régulière des Communes.

De tout ce qui précède, on peut conclure que le Sapeur-Pompier qui se trouverait non satisfait de la quotité du secours ou de la pension, comme de l'indemnité journalière qui lui serait offerte, pourrait refuser et intenter, avec chance de succès, une action contre la commune débitrice.

---

(1) Cette distinction a fait toujours hésiter le départ. Au chapitre II nous traitons la question,

D'autre part, la loi du 5 avril 1884 a laissé à la charge des communes tous les dommages provenant du fait des Sapeurs Pompiers, agents communaux.

Aussi nous conseillons les Municipalités qui veulent se placer à l'abri de toutes ces éventualités, de contracter une assurance en garantie de tous les risques encourus par la commune, du fait des Sapeurs-Pompiers dans l'accomplissement de leur service.

La Caisse nationale d'assurances contre les accidents n'étant pas autorisée à couvrir ces risques, la commune ne peut s'adrésser qu'à une entreprise particulière, toutefois agréée par l'Etat, ou encore à une Union départementale de Sapeurs-Pompiers autorisée, qui fait alors office d'intermédiaire.

Mais cette assurance ne peut porter que sur des accidents survenus dans l'accomplissement d'un service commandé, soit par les Sapeurs, soit par les personnes requises pour les assister.

Le service commandé comprend, outre les secours publics dans la commune et hors de la commune, et les réquisitions, les exercices et concours d'instruction, l'inspection, et pendant ce temps compris :

a) pour les Sapeurs en groupe, de la sortie du poste à la rentrée au poste ;

b) pour les Sapeurs isolés : de leur arrivée sur le lieu de secours ou d'exercice à la sortie des rangs ;

c) pour les assistants, la durée de leur réquisition.

L'intérêt de la commune est de contracter cette assurance. En effet, qu'un accident important se produise dans une petite commune, le plus souvent elle se trouvera dans l'impossibilité de payer, sur son budget ordinaire, les frais divers occasionnés par les dommages causés.

Cette éventualité pourrait se produire sans aléa pour la commune si la municipalité a pris le soin de la garantir par le paiement annuel et régulier d'une prime qui est la contre-partie de la garantie.

Le montant de cette prime, pouvant être prélevé pour une part sur la subvention annuelle provenant du crédit réparti aux communes par le Ministère de l'Intérieur, — le tiers environ — celà devient une faible charge pour la commune.

Légalement la commune ne peut être entièrement substituée à ses agents dans sa responsabilité en suite d'accident provenant de leur fait et dans l'accomplissement de leur service.

Celà découle des art. 1382, 1383 et 1384 du Code civil qui veut une garantie à l'égard des fonctionnaires qu'elle occupe.

C'est en celà qu'est très intéressant le mode d'assurance et pour la commune et pour le Sapeur, son agent (1).

IV. — Pensions et Secours d'ancienneté.

« Chaque année, le Conseil municipal fixe la quotité des secours « alloués aux Sapeurs-Pompiers ayant au moins 60 ans d'âge et « trente années de services dans la commune ou dans une autre « commune.

« Ces secours *renouvelables* sont payés par trimestre, sur mandats « du Maire, à la Caisse du Receveur municipal ». (Art. 18, décret du 1er février 1910).

« Ces secours sont indépendants des pensions d'ancienneté servies « par les Caisses de retraites établies en faveur des Sapeurs-Pom- « piers.

« Mais il peut être décidé que la portion de la subvention de l'Etat « et les ressources destinées par le Conseil municipal aux secours re- « nouvelables seront versées à la Caisse des retraites, pour accroitre « la capitalisation ». (Art. 19 même décret.

Ces versements sont répartis au compte de chacun des Sapeurs de la commune.

Evidemment la commune qui possède un Caisse de retraites peut assurer elle-même ce service.

Mais aux municipalités de nos communes rurales, dont le budget est peu souple et si restreint, nous conseillons l'assurance certaine de ce service des pensions renouvelables à leurs Sapeurs-Pompiers, par leur souscription et leur adhésion à l'Union départementale des Sapeurs-Pompiers de l'Ain, qui par son Service de la Prévoyance à la Caisse autonome des Retraites, autorisée en 1903 sous le n° 522, assure à tout Sapeur-Pompier ayant 60 ans révolus et 25 années de services, y compris militaire, *et sans condition de durée de sociétariat*, une pension de vieillesse proportionnelle au montant de ses versements effectués normalement pour son compte et dont le taux

---

(1) L'Union des Sapeurs-Pompiers de l'Ain, autorisée sous le n° 103, assure ce service de prévoyance Accidents de service.

« Ne sont exclus de la garantie, comme faute lourde, que l'état d'ivresse « manifeste et le fait volontaire avéré : crime ou suicide ».

Sapeurs et commune ont intérêt à cette Assurance.

varie avec l'âge au moment de l'adhésion — mais qui en aucun cas ne peut être inférieur à 15 % — servie annuellement à terme échu (1).

« Les pensions, indemnités et secours accordés conformément au « présent décret sont incessibles.

« En dehors du cas prévu à l'art. 16 — remboursement à la com- « mune — aucune saisie ou retenue ne peut être opérée du vivant du « bénéficiaire que jusqu'à concurrence de 1/5 pour débèt envers « l'Etat ou pour des créanciers privilégiés » (art. 2101 Code civil), « et « de 1/3 dans les circonstances prévues » (art. 203, 205, 206 et 241 Code civil).

« Les dispositions sur le cumul ne leur sont pas applicables » (art. 20, décret du 1er février 1910).

V. — Subvention annuelle par l'Etat.

En conformité de la loi du 31 juillet 1907, une partie du crédit annuel inscrit au Ministère de l'Intérieur est affectée à des subventions spéciales aux communes justifiant qu'elles ne possèdent pas les ressources suffisantes pour acquisition, amélioration ou entretien :

1° De son matériel de secours ;

2° D'objets d'équipement et d'habillement.

La demande de subvention au Ministre de l'Intérieur (2) constitue un dossier à faire parvenir par la voie administrative au Sous-Préfet de l'arrondissement.

Dossier qui doit comprendre :

1° La demande elle-même, par le Maire ;

2° La demande avec exposé des motifs, formulée par le Chef de Corps au Maire (3) ;

3° Le devis estimatif et détaillé des objets (4) ;

4° La délibération du Conseil municipal ;

5° L'extrait de la situation financière. — Copie du budget communal et additionnel.

---

(1) Demander toutes références au Commandant Souel.

(2) Bureau Affaires communales et départementales.

(3) On peut joindre l'avis du Commandant-Inspecteur.

(4) N'est accordé de subvention que pour la tenue du feu : veste longue, de drap règlementaire ; boutons et insignes blancs, argenté ; pantalon de treillis à passepoil rouge ; casque sans cimier, mod. 1885.

Indépendamment de ces subventions spéciales, l'Etat accorde annuellement aux communes qui possèdent un Corps régulier de Sapeurs-Pompiers, une subvention formée d'une somme représentant la quotité proportionnelle à l'effectif du Corps et à la population.

Le montant de cette subvention est donc variable ; subordonné et aux disponibilités du crédit, et au nombre des Corps des Sapeurs-Pompiers ; à leur effectif et à la population.

Il doit être employé concuremment avec les crédits votés par les Conseils municipaux et les autres ressources ayant la même affetation :

1° à des secours médicaux et pharmaceutiques, et pour interruption de travail par suite d'accident de service ;

2° à des secours annuels renouvelables aux Sapeurs-Pompiers ayant 60 ans d'âge et 30 années de services ;

3° à des dépenses d'entretien du matériel des secours. (Art 1er, loi du 31 janvier 1907, extrait).

La loi n'indique pas la quotité pour chacune de ces affectations.

On peut néanmoins l'estimer au tiers.

La subvention est versée à la Caisse municipale, pour être employée comme il est prescrit.

« Le Conseil municipal peut employer les parts de la subvention « ayant cette affectation spéciale tant à l'acquit de primes « assurances-accidents » que des versements à une « Caisse des Retraites « régulièrement constituée » au profit des Sapeurs-Pompiers ayant « droit à pension d'ancienneté ». (Lettre et circulaires ministérielles : Primes d'assurance-accident, 31 décembre 1899 ; Versements à la Caisse des retraites, 31 janvier 1899).

Mais en aucun cas le crédit ne doit être versé à la Caisse particulière du Corps, *cette caisse n'ayant pas d'existence légale.*

En ce qui concerne la part afférente au matériel, il appartient au Chef de corps de formuler au Maire les propositions motivées avec devis détaillé, pour être soumises au Conseil municipal appelé à décider.

Le décret du 10 novembre 1903 a supprimé la solde des tambours et clairons, mais il a maintenu aux dépenses obligatoires l'achat et l'entretien de ces instruments.

VI. — Gestion des fonds affectés au service

En conformité du décret du 1er février 1910 :

Art. 21. — « Les dépenses résultant pour les communes de l'application du présent décret tant pour les secours, pensions et allocations que pour l'acquisition et l'entretien du matériel d'incendie, « font l'objet de chapitres spéciaux aux budgets communaux ».

Art. 22. — « Les ressources destinées à faire face à ces dépenses « comprennent :

« 1° La subvention annuelle par l'Etat ;

« 2° Les subventions du département et des établissements publics ;

« 3° Les allocations votées par le conseil municipal ;

« 4° Les dons et legs faits en faveur des Sapeurs-Pompiers ;

« 5° Et d'une manière générale les recettes énumérées à l'art. 38 « du décret du 10 novembre 1903.

« *a)* Des cotisations des honoraires et participants ;

« *b)* Du produit des amendes ;

« *c)* D'une part prélevée sur le produit des services rétribués ;

« *d)* Des dons et souscriptions des compagnies d'assurances.

« Ces ressources doivent figurer en recettes à des chapitres spéciaux ouverts au budget de la commune ».

Art. 23. — « En cas de non emploi dans l'année de tout ou partie « des subventions, ainsi que des arrérages des sommes données ou « léguées en faveur des Sapeurs-Pompiers, le reliquat est reporté au « budget de l'année suivante avec mêmes affectations ».

Art. 25. — « En cas d'insuffisance des ressources de cette caisse « pour assurer le service des secours et pensions, il y sera pourvu par « une allocation inscrite annuellement au budget communal, conformément à l'art. 7 de la loi du 5 avril 1851.

« Les dépenses sont réglées par le Maire, sur mémoires visés par « le chef de corps.

« Elles sont mandatées au nom des créanciers réels, et acquittées « suivant les mêmes règles de comptabilité que les autres dépenses « municipales, art. 36, déc., 10 nov. 1903 ».

Pour toutes dépenses relatives au service des Sapeurs-Pompiers — obligatoires ou facultatives — on doit se conformer aux règles de la comptabilité publique : Mandatées au nom des créanciers réels :

a) Fournisseurs ou propriétaires (réquisitions) ;

b) Sapeurs-Pompiers (rémunération ou pension).

Les dépenses sont réglées par le Receveur municipal.

Les subventions votées en faveur des Sociétés de secours mutuels de Sapeurs-Pompiers approuvées, sont payées contre reçu du trésorier de la Société, au nom duquel le mandat doit être délivré.

Les fonds placés à la Caisse des dépôts et consignations sont constatés par un récépissé du représentant de cette caisse.

Dans beaucoup de communes, on mandate en bloc, au nom de l'officier commandant, les sommes affectées aux Sapeurs-Pompiers, ou une certaine somme qui n'est pas destinée à être distribuée entre les hommes, mais à couvrir les frais de réunions ou banquets.

Dans les deux cas, c'est irrégulier, puisque l'officier n'est pas le créancier réel.

Il peut, toutefois, remplir l'office d'un régisseur, recevant à l'avance lesdites sommes, à la charge de rapporter l'acquit des parties prenantes directes, le seul régulier. Et cela seulement pour dépenses éventuelles qui pourraient avoir le caractère d'urgence, sans pouvoir en fixer la nature ou la quotité.

Alors, l'officier donne au receveur un reçu de prévision.

Les irrégularités relatives aux dépenses sont souvent accompagnées d'irrégularités relatives aux recettes :

Les amendes, les indemnités ou les gratifications de service provenant de la commune ou reçues des particuliers, sont perçues directement par l'officier commandant ; et ces produits constituent une sorte de caisse noire destinée à faire face aux divers besoins.

Ce procédé est aussi irrégulier que les précédents.

Les règles de la comptabilité, parfois gênantes, ont ce grand avantage de permettre justification facile.

« Et d'ailleurs, c'est la loi ; et la juridiction des comptes a été ins-
« tituée pour la faire respecter ». (Cour des Comptes, 24 février 1899).

« Sont assujetties au timbre de 10 centimes, les quittances au-
« dessus de 10 francs, relatives aux dépenses pour gratifications ou
« indemnités de service ». (Cour des Comptes, 27 juillet 1907).

« Dans les communes possédant un corps de Sapeurs-Pompiers,
« où il sera créé une caisse de secours et de retraites, cette caisse
« sera organisée sous forme de Société de secours-mutuels, alors
« régie par la loi du 1er avril 1898 ; ou constituée et administrée en
« conformité des articles 8 et 10 de la loi du 5 avril 1851 ».

Art. 8. — « Sur la demande du Conseil municipal, et par décret
« du Président de la République, il pourra être établi une caisse

« communale de secours et pensions en faveur des Sapeurs-Pompiers « victimes de leur dévouement, de leurs veuves et de leurs enfants ».

Art. 10. — « Les caisses ainsi établies sont la propriété exclusive « des communes.

« Elles doivent être gérées comme les autres fonds des communes, « et soumises à toutes les règles de la comptabilité publique ».

Cette caisse spéciale est constituée pour permettre à la commune l'acquit régulier des charges qui lui incombent, relatives au service des Sapeurs-Pompiers :

1° Secours et indemnités après accidents de service ;
2° Secours et pensions d'ancienneté ;
3° Acquisition et entretien du matériel et de l'équipement ;
4° Toutes autres dépenses du service.

VII. — **Caisse particulière des Sapeurs-Pompiers**

Nous savons que le *corps des Sapeurs-Pompiers* dans une commune ne peut légalement posséder une caisse particulière, et que tous les produits de recettes considérés de ce fait *deniers communaux,* doivent être *versés à la caisse communale.*

Dans la pratique, il n'en va pas ainsi, et la plupart des corps possèdent la caisse noire.

Il est dans l'intérêt de tous que dans les corps de Sapeurs-Pompiers, cette situation irrégulière ne soit pas continuée et que soit institué une administration conforme à la légalité.

Evidemment, parmi les produits portés en recettes à la caisse communale, il en est qui ont le caractère de deniers personnels, et dont la gestion serait logique aux Sapeurs-Pompiers, tels : cotisations des participants et des honoraires ; produits des amendes et tous autres à caractère de gratifications.

Cela est possible régulièrement, mais à cette condition expresse que les Sapeurs-Pompiers du corps communal aient constitué entre eux une Société amicale, d'après les prescriptions de la loi du 1er juillet 1901, et avec *l'agrément de la municipalité, pour permettre cette clause dans les statuts* portant « que tous les produits « à destination des Sapeurs-Pompiers, à l'occasion de leur service, « sont admis au compte des recettes, à l'exception toutefois de ceux « ayant destination contraire bien déterminée ».

VIII. — Gestion régulière par l'Amicale des Sapeurs-Pompiers

Il convient que cette amicale soit sous la direction du chef de corps assisté du conseil du corps pour la gestion et la discipline ; les infractions aux statuts considérées comme infractions de service et conséquemment traitées comme telles.

L'amicale des Sapeurs-Pompiers est ainsi intimément liée à leur service.

« La caisse particulière qui existe dans certains corps peut être « légale, mais sous certaines réserves.

« Les Sapeurs-Pompiers peuvent, comme tous les citoyens, « former une Société en réunissant leurs apports pour un ou plu- « sieurs objets bien déterminés, loi du 1er juillet 1901. Mais les de- « niers mis en commun ne peuvent être que des deniers personnels.

« Ainsi, le produit de leurs cotisations et des cotisations des mem- « bres honoraires de la Société. Cependant, s'ils veulent y joindre « les divers produits destinés aux Sapeurs à l'occasion de leur ser- « vice, il convient de donner à ces produits le caractère de gratifica- « tions ou libéralités faites à des personnes bien déterminées : *les « sapeurs en exercice à telle date.*

« Mais si ces produits n'ont pas ce caractère personnel, ils s'adres- « sent aux Sapeurs-Pompiers en général, au corps, et ce sont des « fonds communaux ». (Rabany, commentaires du décret du 10 nov. 1903).

Nous conseillons, dans tous les corps de Sapeurs-Pompiers, la création, avec l'agrément de la municipalité de cette Amicale qui, seule, ainsi constituée, peut permettre la gestion régulière d'une caisse dans laquelle soient admis légalement des produits qui s'adressent aux Sapeurs-Pompiers à l'occasion de leur service.

Cette Amicale, ainsi agréée, n'a aucun avantage à posséder la capacité juridique, les produits de dons ou legs importants, affectés à des œuvres de prévoyance, demeurant de préférence à la gestion communale.

Les fonds sont placés à la caisse d'épargne au nom du chef de corps, gestionnaire, autorisé par le Maire (1).

---

(1) Le Conseil de l'Union a élaboré des statuts présentés sous la forme d'un livret individuel, à couverture parcheminée.

Ces statuts sont suivis de notes diverses intéressant le Sapeur-Pompier, et

IX. — Responsabilités : Municipalité, Maire

Quoique à l'énumération des dépenses obligatoires, art. 136 de la loi du 5 avril 1884, ne figurent pas celles relatives au service des Sapeurs-Pompiers, l'art. 97 de cette loi charge les municipalités : « de prévenir par des précautions convenables et de faire cesser, par « la distribution de secours nécessaires, les accidents et fléaux cala- « miteux, tels que les incendies, etc. ».

La municipalité qui néglige d'assurer le service des secours assume donc une grande responsabilité.

Et cette responsabilité pourrait devenir effective (alors que l'Etat vient en aide à la commune pour lui faciliter l'organisation et l'entretien d'un service régulier) si une action était intentée, après un sinistre, sur la preuve que faisaient défaut ou étaient notoirement insuffisantes les mesures de préservation à la charge de la municipalité :

Matériel de secours défectueux ou inexistant ;

Personnel insuffisant.

Toutefois, cette responsabilité est reportée en partie sur le chef de corps.

Si le pouvoir réglementaire appartient au maire d'une façon générale en vertu de cet art. 97 de la loi du 5 avril 1884, l'Etat considédérant de fait le service des Sapeurs-Pompiers comme un grand service public, intervient dans sä réglementation.

C'est pourquoi l'art. 22 du décret du 10 nov. 1903 prescrit que le règlement de service sera pris *sur la proposition du chef de corps*, et sous forme d'arrêté municipal approuvé par le Préfet.

Par ce règlement général de service, le Maire diminue sa responsabilité de tout ce qu'il remet au chef de corps, notamment la di-

---

les derniers feuillets sont disposés pour l'inscription des cotisations

Des blancs sont aménagés pour les remplissages par le fourrier

Ces livrets sont à la disposition des chefs de corps aux conditions suivantes :

Premier exemplaire : contre trente centimes, les suivants à raison de quinze centimes.

L'Union ayant fait les frais de l'édition, le produit de la vente des livrets est porté à son compte des recettes générales.

Adresser demande avec mandat ou timbres-poste au commandant Souel, à Villebois (Ain).

ection des secours, l'organisation du service, l'instruction professionnelle des Sapeurs, missions qui ne sauraient appartenir à d'autres.

Cette responsabilité transmise au chef emporte avec elle toute l'initiative nécessaire pour assurer le service.

C'est dire que le Maire doit s'en remettre absolument au chef de corps et lui faciliter en tous points l'accomplissement de sa mission.

S'il semblait au Maire que le chef néglige ses devoirs ; que pour une cause quelconque, il ne lui paraisse plus digne de la mission qui lui est confiée, il devrait en référer soit à l'officier inspecteur, soit directement au préfet qui instruirait pour statuer conformément à l'art. 5 du décret du 10 nov. 1903.

X. — Inspection, Conseil, Arbitre

« Dans chaque département, il est nommé, par décret du Prési-
« dent de la République, un Inspecteur du service des Sapeurs-
« Pompiers, avec le grade de chef de bataillon ». (Art. 19 du décret du 10 nov. 1903).

Ce service existe dans l'Ain ; M. le Préfet en a informé officiellement MM. les Maires du département, les engageant à considérer l'officier inspecteur comme conseil et arbitre dans tous les cas qui intéresseraient le service des Sapeurs-Pompiers, et les invitant à lui faciliter sa mission, qui ne peut qu'être utile aux communes, puisqu'elle consiste en l'amélioration constante du service des Sapeurs Pompiers. (Circulaire préfectorale du 31 mai 1913).

INSPECTION DES CORPS DE SAPEURS-POMPIERS

(Circulaire préfectorale du 31 mai 1913)

Le Préfet de l'Ain à MM. les Maires du département

MONSIEUR LE MAIRE,

J'ai l'honneur de vous rappeler que le Service d'Inspection des Sapeurs-Pompiers, créé dans notre département, a été confié au Commandant Souel.

L'Inspection, d'après les prescriptions du décret du 10 novembre 1903, qui régit les Sapeurs-Pompiers, est instituée pour l'examen de l'état actuel du service dans les diverses communes du département, en vue de son amélioration à tous égards, et en conformité des lois et décrets en vigueur.

Je vous rappelle, tout d'abord, que la commune ayant à supporter les charges du service des secours contre l'incendie, la gestion de ce service doit être opérée d'après les règles de la comptabilité publique.

Le décret du 10 novembre 1903 indique « que les dépenses relatives « au service des secours contre l'incendie, doivent être mandatées au « nom des créanciers réels : Fournisseurs ou Sapeurs-Pompiers ».

Les irrégularités relatives aux dépenses sont souvent accompagnées d'irrégularités aux recettes. Toutes recettes concernant le service des secours sont *deniers communaux* et conséquemment, doivent être traitées comme tels par le receveur municipal.

Toutefois, vous pouvez autoriser ce fonctionnaire à remettre, au Chef de corps, une certaine somme provisionnelle destinée à parer à des dépenses éventuelles et urgentes, à charge, par ce dernier, de rapporter l'acquit des parties prenantes directes pour l'inscription au compte des dépenses.

Aux termes du décret du 10 novembre 1903, les produits des amendes et des indemnités de service, des gratifications de la Commune, des Sociétés et des Compagnies d'assurances ou des particuliers, sont recettes de service et, conséquemment : *deniers communaux.*

Dans les communes où ces règles de gestion ne sont pas suivies, *cette situation ne pourrait se prolonger sans inconvénient.*

Il convient donc de procéder à régularisation dans un bref délai.

— La loi du 1er juillet 1901 permet aux Sapeurs-Pompiers de l'effectif du corps communal de constituer entre eux une association amicale.

Si cette association est connexe à leur service, c'est-à-dire administrée par le Conseil du corps, et si les statuts (ayant un caractère d'utilité, par exemple : *Amélioration de l'instruction professionnelle et quelque principe de solidarité*), ont été soumis à votre agrément, vous devez encourager sa constitution.

Les Sapeurs-Pompiers pourraient alors posséder une Caisse autonome régulière dans laquelle figureraient en recettes ces divers produits : amendes et indemnités, et tous autres ayant caractère de gratification, car ils s'adresseraient à des personnes bien déterminées « les Sapeurs-Pompiers de l'effectif » et non plus au « Corps des Sapeurs-Pompiers ».

Chaque année, au 31 décembre, le chef de corps chargé de gestion, devrait vous remettre la situation de l'exercice écoulé.

Cette association qui peut accepter des membres honoraires, ne doit pas être confondue avec la Société de secours mutuels, qui est réglementée par la loi du 1er avril 1898.

Dans la caisse des secours mutuels, ne peut figurer aux recettes aucun produit devant, par destination être attribué au service des secours ; et aux dépenses ne doit figurer aucune indemnité en suite d'accidents de service, cette indemnité étant à la charge, soit de la commune : loi du 5 avril 1851, soit de l'Etat : loi du 31 juillet 1907.

— Il est indispensable que celui qui sollicite les avantages accordés aux Sapeurs-Pompiers, puisse justifier de cette qualité, c'est-à-dire qu'il a contracté, dans les formes prescrites, un engagement de cinq ans. Il importe qu'à la fin de chaque période de cinq années, son rengagement soit réalisé dans les mêmes formes, c'est-à dire accepté par le Conseil d'administration régulier du corps, et signé au registre par l'intéressé.

Le bénéfice des avantages de toutes natures, notamment secours et pensions en suite d'accident, service commandé, pourrait être refusé à tout sapeur dont l'engagement n'aurait pas été contracté dans les formes prescrites, ou renouvelé dans les délais voulus.

Quoique les officiers ne soient pas astreints à l'engagement, leur nomination en tenant lieu, il convient, pour les mêmes raisons, que soient renouvelés leurs pouvoirs dans les délais voulus.

Il est bien entendu que l'officier dont le mandat est expiré ou démissionnaire, doit continuer l'exercice de ses fonctions jusqu'au renouvellement de ses pouvoirs ou la nomination de son successeur. Le service des secours ne saurait en effet manquer de direction.

Ces diverses observations démontrent la nécessité absolue de tenir régulièrement dans chaque corps un *Registre matricule.* donnant toutes indications utiles, et un *Registre de délibérations* du Conseil d'administration établissant les engagements et les mutations survenus au fur et à mesure qu'ils se produisent.

A la date du 1er janvier de chaque année, le chef de corps doit vous remettre un état nominatif de l'effectif.

Chaque mutation doit vous être signalée par un feuillet spécial.

— Il importe que soit tenu régulièrement un 3e *Registre d'inventaires*, donnant mutations de tous objets affectés au service des Sapeurs-Pompiers : matériel et agrès divers, effets d'équipement et d'habillement.

Le Chef de corps « responsable de tous ces objets » doit en assurer la garde et le bon entretien.

Il peut donc s'opposer à ce que la garde et l'entretien soient confiés à des personnes non agréées par lui ; et, à plus forte raison, il doit être mis seul en possession des clefs des locaux, dépôt ou magasin.

Evidemment, vous avez toujours droit de contrôle et de visite.

Donc, ces *trois registres doivent être tenus obligatoirement* dans chaque corps de Sapeurs-Pompiers.

J'estime qu'il y aurait avantage à ce qu'ils soient de modèle uniforme pour être tenus de même manière dans tous les corps.

Alors, demandés en plus grande quantité, ils feraient l'objet d'une sorte d'adjudication et, par suite, seraient obtenus à de meilleures conditions.

Comme ces frais d'achat sont à la charge de la commune, art. 36 du décret du 10 novembre 1903, je vous serais particulièrement obligé de vous conformer aux modèles établis par les soins du Commandant-inspecteur, et que j'ai approuvés d'ailleurs.

Il y aurait même grands avantages à procéder ainsi pour toutes fournitures concernant le service des secours contre l'incendie, et comme prix, et comme qualité, car la réception serait faite officiellement.

Monsieur le Maire,

J'appelle votre attention sur tout ce qui précède. L'intérêt qui s'en dégage ne saurait échapper à votre sollicitude pour des hommes dont le dévouement mérite toute votre attention, et aussi à votre souci d'une bonne et régulière gestion de ce service communal.

Je veux croire que vous voudrez bien faciliter la mission de l'officier commandant-inspecteur, soit par correspondance, soit lorsqu'il se rendra dans votre commune.

Notamment lui communiquer toutes délibérations et pièces comptables intéressant le service des Sapeurs-Pompiers.

L'inspection étant pour les Sapeurs un service commandé, et d'ailleurs destinée à l'amélioration constante des secours contre l'incendie, il apparaît que les dépenses nécessaires à cette inspection sont à la charge de la commune.

Une somme provisionnelle peut être remise au chef de corps qui devra l'employer de la façon la plus utile, en partie ou en totalité, à charge par lui de fournir un état régulier de ces dépenses, que vous passerez : frais d'inspection.

En ce qui concerne les détails du service des secours contre l'incendie, vos désirs ou doléances s'y rapportant, vous auriez à vous adresser à l'officier inspecteur :

Commandant SOUEL,
à Villebois.

Le Préfet,

Gabriel BRIN.

II

AUX MUNICIPALITÉS
AUX SAPEURS-POMPIERS

Sapeurs-Pompiers Communaux

EXTRAITS, NOTES ET COMMENTAIRES

I. — Mission, Organisation, Effectifs

La mission des Sapeurs-Pompiers consiste à porter secours, dans les incendies principalement, et dans toutes les circonstances où se trouvent personnes et biens en danger. Les cas les plus fréquents sont : inondations, bris des glaces ou dégagement des neiges, etc , sauvetages de personnes, animaux, etc.

Ils peuvent, en outre — sorte de garde civique — être appelés à des services d'ordre ou d'escorte, sur réquisition spéciale, alors le Chef de détachement est considéré comme un commandant de la force publique. Conséquemment, l'officier ou le sous-officier, qui peut éventuellement détenir une parcelle des pouvoirs publics, doit toujours observer le plus grand loyalisme envers le Gouvernement de la République et son administration. (Art. 1er, décret 1903, et *Commentaires*).

Les Sapeurs-Pompiers, formant un Corps civil, relèvent exclusivement du Ministre de l'Intérieur.

« Mais, lorsque le Corps est réuni en armes, il est soumis aux « lois militaires, relevant soit du Ministre de la Guerre, soit du Mi- « nistre de la Marine. » (Loi du 21 mars 1905, sur le recrutement).

En conséquence, les Sapeurs-Pompiers ne peuvent être armés du fusil ou simplement du sabre, qu'avec l'assentiment de l'autorité militaire.

Toute réunion en armes doit être autorisée par elle.

L'autorisation peut être donnée une fois pour toutes dans les cas suivants : revues et inspections, honneurs funèbres, fête nationale ou communale, cérémonies publiques.

« Lorsqu'ils figurent dans l'ordre de bataille, avec d'autres troupes, « les Sapeurs-Pompiers prennent rang après les Invalides et la « Gendarmerie, et avant tous les autres Corps. » (Service des places, 4 octobre 1891).

En dehors de ce cas, il n'y a pas de règle officielle.

« Toutefois, comme les Sapeurs-Pompiers forment un Corps

« constitué, ils doivent, dans les cérémonies publiques, avoir le pas « sur toutes les Sociétés qui n'ont pas de caractère public : vétérans, « gymnastes, etc. » (Rabany, *Commentaires*).

« Aux Sapeurs-Pompiers en armes, il est interdit de participer à « aucune cérémonie religieuse de quelque culte que ce soit. » (Service des places, 4 octobre 1891).

Cependant, après que l'officier aura fait former les faisceaux et rompre les rangs, les Sapeurs peuvent assister à la cérémonie, *et seulement à titre individuel.*

Le port du sabre, pour les officiers, étant considéré comme faisant partie de leur tenue habituelle, l'officier des Sapeurs-Pompiers n'a besoin d'aucune autorisation pour se rendre en tenue et avec le sabre aux diverses réunions. (Art. 2 du 10 novembre 1903, *Commentaires*).

Les Sapeurs-Pompiers sont organisés par commune.

Cependant, plusieurs communes peuvent ne constituer qu'un seul Corps, après accords bien définis des Conseils municipaux de ces communes intéressées.

« L'effectif, dans chaque Corps, est arrêtée par l'Administration « préfectorale, et basé d'après la population et l'importance du ma- « tériel de secours en service dans la commune. » (Art 3, décret du 10 novembre 1903).

« Le Préfet peut réduire l'effectif demandé par le Conseil muni- « cipal (art. 68 de la loi du 5 avril 1884), mais il ne saurait sans « excès de pouvoir le fixer à un chiffre plus élevé ». (Conseil d'Etat, 19 novembre 1886).

Il y a tendance à réduction des effectifs ; en voici la raison principale :

Dans un grand nombre de communes le service des secours est confié à des Corps de Sauveteurs, Sapeurs irréguliers.

Mais chaque jour, afin de participer aux avantages accordés aux seuls Corps réguliers, un certain nombre de ces Corps sont réorganisés, conformément au décret du 10 novembre 1903, d'où augmentation de l'effectif total, dans des proportions plus rapides que celles de l'augmentation du crédit annuel, ouvert au Ministère de l'Intérieur : « Aide aux Communes pour l'entretien de leur service des Sapeurs-Pompiers. »

Cela obligera dès maintenant à une répartition plus judicieuse :

1° de l'effectif ; en se basant sur les seuls besoins des secours éventuels dans la localité et dans ses dépendances « Ecarts » ;

2° de la subvention annuelle ; d'après l'effectif réel indiqué à chaque fin d'année, par le Chef de Corps, dans l'état nominatif qu'il doit remettre à l'Administration.

Evidemment, il ne saurait être question de réduire, par radiations, les effectifs actuels qui seraient reconnus trop importants ; car tout Sapeur qui accomplit son service sans mériter de reproches, a droit à des égards.

« On ne peut, pour des motifs en dehors de son fait, autres que « l'insuffisance de ses facultés physiques ou mentales, lui barrer la « route — honneur et récompenses — et surtout pension d'ancien- « neté. »

Mais il conviendrait de former, avec les éléments les plus aptes, un service spécial d'attaque des feux et des sauvetages, une section dite « active », ramenée à cet effectif judicieux, prenant seule part aux exercices.

L'effectif supplémentaire, groupe auxiliaire, ne serait tenu qu'a l'incendie et aux secours divers, jusqu'à réduction logique.

D'ailleurs, cette nécessité de la réduction des effectifs a été formulée à plusieurs reprises au Conseil supérieur.

Aussi M. Maringer se propose-t-il « d'insérer au décret modificatif « de celui du 10 novembre 1903, une disposition aux termes de « laquelle il ne pourra être créé de Compagnie — soit de Corps « comptant plus de 50 hommes — que dans les communes ayant au « 1.500 habitants. » (Séance du 21 décembre 1912).

Et a été admise la section à faible effectif, 6 à 14 hommes, dont un sergent et un caporal pour cadre.

Cette section serait l'unité dans les communes non agglomérées, où chaque écart posséderait sa section ; et ces sections, groupées, formeraient la subdivision, sous les ordres de l'officier commandant :

Sous-lieutenant (de 15 à 25 hommes) ;

Lieutenant et sous-lieutenant (de 26 à 50 hommes).

Nous estimons suffisant cet effectif de 6 hommes pour les écarts, où la mission consiste à assurer le premier secours, en attendant la section du bourg, mais seulement s'il n'y a pas de pompe.. Avec cet engin 9 hommes sont nécessaires.

Par contre nous croyons insuffisante la section du bourg avec 14 hommes, y compris le cadre.

Voilà comment nous comprenons l'effectif normal d' un Corps rural — partie principale, et dans le plus grand nombre des cas — étant bien admis que cet effectif doit être, avant toutes autres considérations, d'après les besoins des secours dans la localité (bourg et ses dépendances), et en retenant aussi que dans les communes rurales, les sapeurs sont des cultivateurs dispersés à leur travaux, et pour la plupart éloignés, conséquemment faisant défaut au début de l'action.

La Section normale doit comprendre 3 équipes bien distinctes, ayant chacune mission bien différente, quoique concourant à l'action commune.

Il est indispensable que chacun sache bien ce qu'il doit faire dans le poste qui lui est confié, et s'y tienne : ce n'est qu'avec cette méthode que l'on supplée au nombre, et avec avantage d'ailleurs, le chef ayant dans la main une section bien ordonnée en laquelle il doit avoir confiance. Il peut ainsi laisser de coté toutes questions de détail s'en tenant à sa mission : la direction.

On voit trop souvent le chef s'employer au travail d'un sapeur ; c'est un tort, la direction en est négligée.

A chacun sa mission et chacun à son poste.

Les 3 équipes travaillant dans le même temps :

La 1re équipe : *Sauvetage :*

4 hommes dont le porte cordage, pour assurer les sauvetages, et les 3 autres à l'échelle ;

2e équipe : *Attaque :*

5 hommes par lance, dont 1 pour le jet ; 1, muni d'un harpon, pour éloigner les matières inflammables, déblayer ; ou de la hache, pour saper, faire la part du feu ; 2 sapeurs pour procéder à l'établissement des tuyaux et suppléer les deux premiers dans leur pénible travail ; le 5e sapeur *servant*, se tenant à l'ouverture, pour assurer la sécurité des sapeurs de l'équipe et leur communication avec l'extérieur ;

La 3e équipe : *Hydraulique :*

5 hommes dont le chef qui demeure à son engin ; 2 pompiers qui procèdent à l'établissement des tuyaux de refoulement jusqu'aux abords du bâtiment ; 1 fontainier et 1 servant qui doivent assurer l'alimentation.

Nous arrivons à 14 hommes auxquels il convient d'ajouter un homme par équipe, pour les indisponibles éventuels, soit donc 17 hommes ou caporaux appelés à postes bien déterminés (1).

Il convient d'ajouter encore : le sous-officier chef de service appelé à suppléer l'officier, le sous-officier (comptable), appelé à suppléer

(1) Interchangeables évidemment.

son collègue dans son service ; 2 clairons (*cyclistes autant que possible*).

Au total 21 hommes. Avec l'officier chef de corps, soit donc un effectif de 22.

Nous devons faire remarquer que chaque lance nécessite à l'attaque une équipe de 6 hommes. 5 + 1 suppléant.

Pour permettre ce minimum à l'effectif de la section normale, il importe que les 6 hommes de l'équipe de la pompe aient été choisis parmi les personnes ayant occupations sédentaires, et pas trop éloignées du dépôt de matériel (serait-il utile pour cela d'accorder à ces personnes une indemnité spéciale pour le transport et l'entretien du matériel).

A la première alarme ils doivent sans plus attendre le chef, et avec droit permanent de réquisition, pour obtenir assistance — transporter le matériel sur le lieu de l'incendie, y compris cordages nécessaires, casques et ceintures — cela pour permettre à tous les autres sapeurs de se rendre directement sur le lieu d'incendie, évitant ainsi de retards préjudiciables aux premiers secours.

On peut cependant réduire cet effectif dans les communes non agglomérées, c'est-à-dire ayant des hameaux ou écarts qui nécessitent une section réduite appelée à donner le premier secours, en supprimant un clairon et un homme à chaque équipe :

Au sauvetage, le chef échellier peut en être chargé.

A l'attaque, ne laisser qu'un servant.

A l'hydraulique, le fontainier peut seul assurer l'alimentation, en attendant les sapeurs de ou des écarts.

Ce qui donne 17 hommes, 18 avec l'officier, pour la section principale, la section du bourg.

Alors dans chaque écart important ou éloigné, doit être formé une section de premier secours, à l'effectif de 9 hommes si elle possède une pompe, et seulement de 6 hommes si elle ne possède pas cet engin ; compris dans cet effectif, un sapeur clairon, un caporal et le sergent.

Evidemment, la composition judicieuse de l'effectif dans une localité entraine la composition non moins judicieuse du matériel.

Ces avis ne sont qu'à titre d'indication, mais nous croyons qu'ils sont applicables dans le plus grand nombre des cas.

Ils permettent à la commune une meilleure répartition des frais inhérents au service des secours contre l'incendie.

On pourrait, d'après ces chiffres, conclure que s'ils réduisent certains effectifs, ils en augmentent d'autres, et qu'ainsi la subvention de l'Etat n'en serait pas moins réduite.

Il est vrai, mais il n'en est pas moins vrai que ces *effectifs judicieux n'obligeraient qu'à dépenses strictement nécessaires* et avec une répartition plus équitable.

Conséquemment, si le crédit inscrit au ministère chaque année, n'était plus suffisant, il serait permis aux représentants des Sapeurs-Pompiers, au Conseil Supérieur d'en demander, avec plus d'autorité, l'augmentation ; et les représentants au Parlement pourraient avec raison soutenir ces demandes, à la requête des Municipalités, et sur état bien justifié.

Nous rappelons que ce crédit est prélevé sur le produit de la taxe de 6 francs par million assuré, et imposé aux compagnies d'assurances incendie. Ce produit dépasse le crédit alloué. Et lorsque ce produit deviendra insuffisant, ces même représentants au Conseil et ces mêmes Parlementaires demanderont que passent du budget général au budget spécial du service des Sapeurs-Pompiers (comme celui de cette première taxe), le produit des autres taxes imposées successivement aux mêmes compagnies d'assurances.

Rien ne serait plus logique.

Par ailleurs, pour assurer le recrutement constant et bon pour un service rationnel dans nos corps ruraux, il faudra bien envisager la juste et suffisante rémunération du sapeur pour le temps qu'il aura occupé à son service, remplaçant avantageusement les avantages actuels si divers et si différents d'une commune à l'autre

Avec cette méthode de la répartition des postes dans la Section normale, et, étant donné le but à atteindre : le moins de dépense et le mieux utilisé, le Chef de corps, si son effectif le permet, peut constituer deux Sections réduites semblables, chacune ayant le service un mois sur deux. Ce service n'en serait que meilleur et réduirait de moitié la dépense, les subventions ne portant pas, au décompte, sur l'effectif ainsi supplémentaire, il y aurait simplement alternance entre les hommes pour permettre à l'officier une manière de conserver son effectif.

Le sapeur blessé ou malade au service est mis en état de disponibilité temporaire. Si l'incapacité est permanente, il est mis en état de réforme — aux vétérans. — Dans les deux cas, le sapeur à droit à tous les avantages accordés aux sapeurs actifs, sauf la rémunération de travail.

Le sapeur qui a quitté le corps pour accomplir son service militaire est mis en état de suspension ; le temps qu'il passe à ce service ne saurait être compté au corps ; il y a donc mutation à faire : « indisponible par le service militaire ».

Le sapeur mis dans l'obligation matérielle de quitter le corps *hors la peine d'exclusion*, peut être mis en état de disponibilité par la décision de l'officier, et ratifiée par le Conseil du corps, si cet état doit dépasser un an.

Dans tous les cas, cette situation ne peut durer au-delà de 3 ans, sans amener la radiation des contrôles.

Cette mise en disponibilité par l'absence conserve au sapeur le droit à pension, mais tous autres avantages de service sont suspendus.

II. — Engagement financier de la Commune

Il est à constater que nulle loi — quant à présent — ne peut obliger une commune à posséder un service régulier de secours contre l'incendie.

C'est pourquoi l'autorisation de former un Corps régulier de Sapeurs-Pompier est subordonnée :

1° à la justification de la possession d'un matériel suffisant — ou des ressources nécessaires pour l'acquérir ;

2° à l'engagement pris au préalable par la Commune de subvenir aux dépenses qui sont énumérées à l'art 36 du décret du 10 novembre 1903 ; cet engagement constituant une obligation de la commune, et, par suite : « une dette exigible. » (Art. 136, loi du 5 avril 1884).

La durée de cet engagement, qui était de cinq années — d'après le décret de 1875 — a été portée à quinze ans. En voici la raison :

« Les Conseils municipaux se renouvellent tous les quatre ans, et, « en cas de changement dans les idées qu'il représente, le nouveau « Conseil est porté à modifier le personnel des Sapeurs-Pompiers, ce « qu'il pourrait faire, en ne renouvelant pas l'engagement financier « qui expire au cours de son mandat.

« Or, s'il est légitime de laisser la commune libre de s'imposer des « sacrifices en vue du service d'incendie, cette dépense n'ayant pas « été rangée par la loi parmi celles qui sont obligatoires, et ne pouvant le devenir qu'en vertu d'un engagement librement consenti, « il est moins légitime de permettre à un Conseil municipal de désorganiser un service qui existe déjà et qui peut se continuer sans « contribution de la commune.

« Celle-ci restera toujours maîtresse de voter ou non la dépense ;
« mais elle ne doit pas l'être de faire disparaître un service d'utilité
« générale qui fonctionne convenablement. » (Rabany, décret du 10 novembre 1903).

« Le matériel d'incendie, étant propriété communale dont le Maire
« est administrateur légal, ne doit pas, sauf le cas d'incendie, sortir
« du territoire de la commune, sans l'autorisation du Maire. (Lettre
« ministérielle du 10 août 1906).

« Le matériel ne peut être confié par le Maire qu'au Corps des
« Sapeurs-Pompiers régulièrement organisé, et non à un Corps de
« Sauveteurs ou même d'employés municipaux. » (Conseil d'Etat, 22 février 1907.

III. — **Désorganisation. — Dissolution**

Il se peut que le service soit négligé pour une cause quelconque ; — c'est une situation qui ne saurait se prolonger sans inconvénients — néanmoins, le temps écoulé dans cette situation est comptable dans la durée légale de service.

Il n'en est pas de même dans le cas de dissolution, laquelle met fin à l'existence légale du Corps.

Aussi, hors le cas d'indiscipline générale, ayant rendu le service impossible, la dissolution du Corps ne doit être demandée qu'à la dernière extrémité.

En effet, officiers, sous-officiers et caporaux perdent leur grade en même temps que leur qualité de Sapeur. Et, ne resterait-il qu'un gradé, s'il n'a pas démérité, c'est-à-dire s'il est demeuré en dehors de cet acte collectif d'indiscipline, on doit éviter de lui causer préjudice immérité.

Et le Maire sera mieux inspiré de provoquer le recrutement par une commission spéciale à laquelle assisterait ce gradé, à défaut du Conseil de Corps, plutôt que demander la dissolution.

Le mieux, en ce cas, est d'aviser le Commandant-Inspecteur.

D'ailleurs, le Préfet se ferait un devoir d'user de toute son influence auprès de la Municipalité pour éviter cette mesure extrême de la dissolution, avant de la transmettre au Ministre de l'Intérieur.

« Les Corps de Sapeurs-Pompiers sont dissous par décret du
« Président de la République. » (Art. 4 du décret du 10 novembre 1903).

IV. — Cadres

Les Officiers de Sapeurs-Pompiers sont nommés par le Président de la République.

Les Préfets présentent les candidats au choix du Gouvernement, et le décret qui les nomme est rendu sur la proposition du Ministre de l'Intérieur.

C'est au Maire qu'il appartient de faire parvenir à l'Administration préfectorale, et dans les formes administratives, un état de proposition des candidats.

Il est bon que, pour permettre un choix, deux candidats au moins soient désignés pour chaque grade.

Il est du devoir du Maire de se préoccuper de la sympathie que les candidats sont présumés rencontrer auprès des hommes qu'ils auraient sous leurs ordres, mais il ne peut faire état d'une consultation quelconque de groupes, qui aurait caractère d'élection, même officieuse.

En effet, la désignation des candidats par le choix des Sapeurs-Pompiers préalablement consultés n'est pas recevable :

« Outre que cette façon de procéder est illégale, elle présente de « sérieux inconvénients. En spécifiant que les Officiers des Sapeurs-« Pompiers seront nommés par le Président de la République, le « décret a exclu par là même toute présentation par les suffrages des « Sapeurs, afin de donner aux Officiers toute liberté de sévir quand « la discipline l'exige ; ce qui ne pourrait avoir lieu au même degré, « s'ils devaient leur nomination au choix des hommes qu'ils sont « appelés à commander. » (Lettre ministérielle du 4 août 1900).

« L'Officier peut exercer les fonctions de son grade du jour où sa « nomination lui a été notifiée, et même avant d'avoir été présenté « aux Sapeurs assemblés. » (Conseil d'Etat, 6 mars 1885).

Les Officiers ne sont nommés que pour cinq ans. A l'expiration de cette période, Ils doivent recevoir une nouvelle investiture ou être remplacés. (D'après l'art. 5, décret du 10 novembre 1903).

« Lorsqu'un officier est promu à un grade supérieur, cette promo-« tion a pour effet de lui attribuer l'exercice de ses nouvelles fonctions « pour une durée de cinq ans, et, par suite, de supprimer l'effet de « la nomination au premier grade. » (Lettre ministérielle, 28 février 1908).

Il n'existe pas de limite d'âge légale pour les Officiers, mais une circulaire du 25 juin 1904 recommande aux Préfets de ne pas proposer de candidats ayant dépassé l'âge de 60 ans.

Le Ministre de l'Intérieur a le libre choix des Officiers, tant parmi les hommes ayant souscrit l'engagement quinquennal qu'en dehors de cet élément.

L'Officier n'est donc pas tenu à souscrire cet engagement, son investiture lui en tient lieu.

L'Officier peut donner sa démission avant l'expiration de son mandat ; la démission est adressée au Prefet, pour transmission au Ministre de l'Intérieur.

La démission peut être refusée purement et simplement, si l'Officier s'est mis dans le cas d'être révoqué.

L'Officier démissionnaire, ou dont le mandat expiré n'a pas été renouvelé, conserve l'exercice de ses fonctions tant qu'il n'a pas été remplacé. (Conseil d'Etat, 21 juin 1907)

« Les Officiers sont nommés pour cinq ans par le Président de la « République sur la proposition du Ministre de l'Intérieur.

« Ils peuvent être choisis parmi les personnes étrangères au Corps.

« Ils peuvent être suspendus par le Préfet et révoqués par décret.

« La suspension ne peut excéder six mois. » (Art. 5, décret du 10 novembre 1903).

« Si un Officier néglige ses devoirs, commet une faute contre la « discipline, ou tient une conduite qui compromet son caractère ou « porte atteinte à l'honneur du Corps, le Maire, ou le Chef de Corps « par l'intermédiaire du Maire, en réfère au Préfet, qui prononce ou « l'application des mesures prévues à l'art. 5. » (Art. 32, décret du 10 novembre 1903).

Conséquemment, les Officiers ne sont pas justiciables du Conseil d'Administration.

Les griefs relevés contre un officier doivent être formulés très nettement dans une lettre au Préfet ou à l'Officier inspecteur. Evidemment, le Préfet ne prend décision qu'après enquête ou avoir entendu l'intéressé.

L'officier qui croirait être frappé injustement peut toujours en appeler au Ministre de l'Intérieur.

Mais le droit de révocation accordé au Président de la République est absolu, et le recours devant le Conseil d'Etat est non recevable (1).

---

(1) Au Conseil supérieur, vœu est formulé que l'officier arrivé à expiration de son mandat, et qui ne serait pas proposé pour le renouvellement, en soit avisé par les soins de l'administration, en indiquant les motifs, et l'autorisant à présenter ses explications dans un délai déterminé, au besoin,

L'officier, s'il est chef de corps, peut, sans encourir de blâme, *mais sous son entière responsabilité*, transmettre de ses fonctions à son sous-ordre immédiat.

Les sous-officiers et caporaux sont nommés par le chef de corps.

Ils ne peuvent être cassés ni suspendus de leur grade que par le Conseil d'administration du corps statuant disciplinairement. (Art. 6 du décret du 10 nov. 1903).

Les sous-officiers et sapeurs ne peuvent donc être remplacés par un chef de corps nouvellement promu, comme il arrive en de certains corps.

Rien n'oblige le chef de corps à suivre la voie hiérarchique pour la nomination de ses sous-officiers ou caporaux ; son choix est absolu.

V. – Recrutement

Le service dans les corps de Sapeurs-Pompiers étant volontaire, l'obligation de l'accomplir ne peut résulter que d'un engagement librement consenti.

Cet engagement est contracté pour une durée de cinq années à compter du jour où il est signé, à minuit. Il doit être constaté par écrit.

Si l'engagé est mineur, doit être joint le consentement des personnes ayant qualité pour le donner : pièce jointe au registre des engagements.

L'engagement est renouvelable après chaque période de cinq années, dans le dernier mois, afin d'éviter interruption ;

Il forme la loi des parties : il promet aux Sapeurs certains avantages en vue desquels ceux-ci s'engagent, et ne peut donc être modifié à leur détriment pendant la durée de l'engagement.

« L'engagement emporte soumission à toutes les obligations résul-
« tant tant des lois et décrets que des règlements de service approu-
« vés. Il est suspendu chaque fois que le Sapeur est appelé sous les
« drapeaux, pendant toute la durée de son service effectif ». (Art. 7, décret du 10 nov. 1903).

« Ne peuvent être admis à contracter cet engagement que les

---

devant un conseil spécial, formé par ses pairs désignés dans une liste des officiers de l'arrondissement et en présence de l'officier inspecteur.

Dossier et procès-verbal, avec avis de l'Officier Inspecteur sera adressé, par ses soins, à l'administration préfectorale, aux fins de décision.

« Français âgés de 18 ans au moins, et jouissant de leurs droits « civils, n'ayant subi aucune condamnation de nature à faire obstacle « à la réception d'un engagement volontaire dans un corps de troupe « de France ». (Art. 8, décret du 10 nov. 1903).

Aux termes de l'art. 8 du code civil :

« Tout Français jouit de ses droits civils ».

Cette présomption légale ne peut être combattue que par la preuve contraire, qui résulte de la production du casier judiciaire.

Il suffit que l'interdiction d'un seul des droits civils ait été prononcée par les tribunaux pour que le condamné ne puisse faire partie d'un corps de Sapeurs-Pompiers.

Conséquemment, l'exclusion s'impose si la condamnation intervient après l'incorporation.

Les condamnations rendant indigne de l'engagement dans un corps de troupe français, sont indiquées dans l'art. 5 de la loi du 21 mars 1905, recrutement.

Le décret n'a pas fixé d'âge maximum pour le recrutement.

Il importe, toutefois, de ne pas accepter l'homme ayant dépassé l'âge de 35 ans, pour lui permettre 25 années de présence, minimum nécessaire pour avoir droit à pension de retraite, et qui l'amènent à 60 ans, âge extrême raisonnable. Il importe aussi, dans l'intérêt du service, que ne soient acceptés que des hommes possédant la plénitude de leur vigueur physique et de leur énergie morale.

Concernant les rengagements, le Conseil du corps peut et doit avoir une certaine tolérance quand il s'agit d'un Sapeur approchant de l'âge de la retraite, ou près d'accomplir la durée des services qui permettent l'obtention de la médaille d'ancienneté ; mais il convient de ne confier à ce Sapeur aucun service au-dessus de ses moyens — *en faisant un auxiliaire dans les divers secours, pour l'ordre et la surveillance*, et non astreint aux exercices.

« Le service des Sapeurs-Pompiers est incompatible avec les fonc- « tions de Maire et d'Adjoint ». (Art. 9 du décret du 10 nov. 1903).

Les Sapeurs étant placés sous l'autorité des municipalités, il y a impossibilité morale de cumuler les deux fonctions.

Cependant, la loi du 5 avril 1884 n'a pas édicté l'inégibilité de ce fait ; il en résulte qu'il y a simplement incompatibilité administrative, et que ce n'est pas cette loi et la sanction qu'elle comporte, c'est à-dire : invalidité comme Maire ou Adjoint qu'il y a lieu d'appliquer, mais la sanction de l'art. 9 du décret, c'est-à-dire pour l'Officier, la révocation ; et pour le Sapeur-Pompier, sous-officier, caporal ou sapeur, l'exclusion prononcée d'office par le Conseil du corps.

L'officier peut-il, en abandonnant son grade, mais demeurant simple sapeur, exercer légalement les fonctions municipales ?

Cette question a été résolue négativement par le Conseil d'Etat, 25 fév. 1905, qui ne fait aucune distinction entre les officiers et les sous-officiers, caporaux et sapeurs.

D'ailleurs, l'incompatibilité ne découle pas seulement de l'art. 9 « elle résulte virtuellement de toutes les dispositions du décret qui « donne à l'autorité municipale un droit de réquisition et de contrôle « sur les corps des Sapeurs-Pompiers ». (Rabany, commentaires).

L'incompatibilité des Sapeurs ne s'applique qu'aux fonctions de Maire ou d'Adjoint. Un sapeur gradé ou non, peut être conseiller municipal, même lorsqu'il reçoit de la commune *une indemnité de service* qui semblerait l'assimiler aux agents salariés de la commune, et conséquemment, le rendre inéligible par application de l'art. 33, loi du 5 avril 1884.

Il n'en est pas de même pour les Sapeurs-Pompiers soldés qui consacrent la totalité de leur temps à leur service.

« L'engagement est reçu, s'il s'agit d'un corps à créer ou à réor- « ganiser, par une Commission composée du Maire ou de son Ad- « joint président ; de deux membres du Conseil municipal désignés « par lui ; et de quatre délégués choisis par le Préfet.

« Et, s'il s'agit d'un corps constitué, par son Conseil d'administra- « tion composé régulièrement ». (Art. 10 du décret du 10 nov. 1903).

« Les décisions statuant sur les demandes d'engagement peuvent « être attaquées devant le Conseil d'Etat directement pour excès de « pouvoir, mais seulement sur les moyens de forme consistant dans « la violation d'une loi ou d'un règlement d'administration publique, « tel le décret du 10 nov. 1903.

« Le juge, pour excès de pouvoir, ne peut pas substituer une dé- « cision de fond à celle qu'il vient d'annuler. L'affaire est renvoyée « devant l'autorité compétente pour être statué au fond.

« Enfin, les décisions d'admission, soit de la Commission, soit du « Conseil, nous semblent pouvoir être attaquées par les Sapeurs « déjà admis, qui ont un intérêt direct et actuel à la bonne composi- « tion du Corps (Rabany).

« Les décisions du Conseil portant rejet de la demande de renga- « gement du Sapeur-Pompier ayant déjà servi pendant 5 ans en cette « qualité, doivent être motivées et notifiées à l'intéressé ». (Art. 11 du décret du 10 nov. 1903).

« Les Sapeurs comptant au moins 5 années de service ont des « droits acquis et qui ne peuvent être lésés. Il ne faut pas que des « inimitiés personnelles puissent empêcher un homme, par le refus « de recevoir son rengagement, ou d'obtenir la dispense des exer- « cices de l'armée territoriale, ou d'arriver à la durée des services « fixée pour la médaille ou la pension d'ancienneté ». (Rabany).

« C'est pourquoi le décret du 10 nov. 1903 a établi par ses art. 11, « 13, 21 et 31 des garanties spéciales en faveur des rengagés ».

VI. — Avantages et Immunités

L'engagement confère des avantages appréciables :

1° La dispense des exercices de l'armée territoriale ;

2° La prétention à la médaille d'ancienneté ;

3° Le droit à pension pour ancienneté ;

4° Le droit aux secours et pensions-accidents ;

5° Le droit aux autres avantages ou immunités que peuvent obtenir les sapeurs-pompiers.

La perte de ces avantages est de nature à faire réfléchir le sapeur-pompier que le souci du respect de la parole donnée ne saurait retenir.

« D'autre part rien n'empêche d'insérer à ce contrat une clause « pénale en cas de rupture de l'engagement (non agréée par le Conseil « de Corps), par exemple *une amende ou dédit de 20 francs au « maximum ;* en rapport avec les ressources du sapeur, mais assez « forte pour l'arrêter dans son projet de départ.

« Le recouvrement de la somme peut être poursuivi devant le « Juge de Paix par le Maire, au nom de la commune ». (Rabany, commentaires).

« Pour obtenir dispense des exercices de l'année territoriale il faut « réunir deux conditions :

« 1° Compter cinq ans de services aux sapeurs-pompiers ; (1)

« 2° Etre inscrit sur les contrôles d'un corps régulier au moment « de l'appel dans l'armée territoriale ». (Décision minist. Guerre 23 oct. 1902).

---

(1) Une proposition de loi réduisant à deux années la durée de services aux sapeurs-pompiers a été approuvée par la Chambre des Députés le 27 février 1913.

Espérons que ratifiée par le Sénat, elle sera mise en application à bref délai.

Il importe donc que le chef de corps tienne régulièrement à jour le Registre matricule, et remettre à fin de chaque année en mairie l'état nominatif de l'effectif.

Indemnités de la Commune

a. — Les Prestations.

« Leur remise aux sapeurs ne doit être préjudiciable, ni aux autres « prestataires, en augmentant leurs charges ; ni aux chemins vici- « naux, en diminuant les ressources qui y sont affectées.

« Il est par conséquent indispensable de comprendre au rôle des « prestations tous les sapeurs réunissant les conditions déterminées « par l'art. 3, loi 21 mai 1836.

« D'autre part, le Préfet ne doit rendre exécutoire, pour son appro- « bation, une délibération par laquelle le Conseil municipal prononce « des dégrèvements de taxe, qu'autant que celui-ci a voté des res- « sources extraordinaires en remplacement des cotes remises ».

Si malgré les observations du Préfet, le Conseil municipal maintenait la dispense en faveur des sapeurs-pompiers, le Préfet devrait par arrêté ordonner d'office l'inscription des sapeurs indûment omis sur l'état matricule des prestations. (Art. 83 de l'instruction chemins vicinaux, 6 déc. 1870).

b. — La Taxe vicinale.

D'après la jurisprudence du Conseil d'Etat, cette taxe frappe sans exception tous ceux qui sont inscrits à ces contributions. Conséquemment la remise ne peut en être accordée aux sapeurs-pompiers, mais le Conseil municipal peut voter une allocation spéciale pour en assurer à chacun d'eux le remboursement.

c. — La Personnelle mobilière.

« Le Conseil municipal ne peut prononcer d'exception qu'en « faveur des indigents. S'il veut en faire la remise aux sapeurs- « pompiers, il doit à chacun d'eux attribuer une indemnité équiva- « lente au montant de sa cote ». (Cons. d'Etat 9 juin 1869).

La remise de ses charges de contribuables au sapeur-pompier n'est d'ailleurs pas équitable, parce qu'elle est inégale. Dans tous les cas, elle ne va pas sans difficultés qu'il est facile d'éviter.

En effet, *n'est-il pas plus simple et plus logique de procéder par une rémunération raisonnable du sapeur-pompier, pour le temps qu'il a employé à son service ?*

Ce serait plus équitable surtout, puisque la rémunération irait à ceux qui ont fait du service.

Evidemment cette rémunération serait individuelle.

Une première subvention serait votée par le Conseil municipal.

Le chiffre en serait basé sur les heures d'exercices prévus par le règlement et d'après l'effectif réel. L'excédent, provenant des absences à ces exercices, serait affecté à la main d'œuvre pour petit entretien du matériel, avec solde reporté.

Une deuxième subvention serait votée en prévision, et pour rémunération de services éventuels : manœuvres intercommunales et inspections ; incendies et autres secours ; et avec report annuel du solde pour même affectation.

On ne saurait trop engager les municipalités dans l'adoption de cette façon de procéder à l'égard des sapeurs-pompiers ; la plus simple et la plus logique de reconnaître leur dévoûment à la sécurité publique.

VII. — Rupture de l'engagement

« Tout sapeur qui se retire avant l'expiration de son engagement « sans avoir obtenu sa libération anticipée ou qui est rayé des con- « trôles par mesure disciplinaire, perd ses droits aux avantages « pécuniaires auxquels il pouvait prétendre ». (Art. 14, décret du 10 nov. 1903).

C'est le Conseil de corps qui est appelé à se prononcer :

1° Sur la demande de résiliation de l'engagement (art. 12) ;

2° Sur la radiation des contrôles (art. 28).

Il est aussi appelé à prononcer d'office l'annulation de l'engagement ayant pour cause l'exclusion ; par application de (l'art. 15 : condamnation), et de (l'art. 9 : incompatibilité).

« La radiation des contrôles ne saurait, par elle-même, faire perdre « les droits acquis à une pension de retraite » (art. 14).

C'est au règlement de la Caisse des retraites dont fait partie l'intéressé qu'il convient de se référer.

Le non renouvellement est une rupture, et, comme telle, fait perdre les avantages attachés au service ; mais, évidemment, il n'exige pas le paiement du dédit qui serait prévu dans le règlement du corps.

VIII. — Conseil du Corps

Il est composé :

« De l'officier chef de corps, président ;

« Des deux officiers plus anciens, si les cadres le permettent ;

« Du plus ancien sous-officier ;

« De un caporal ou sapeur désigné à l'élection par les caporaux et « sapeurs réunis.

« La désignation est faite pour 5 ans, au scrutin secret et à la ma- « jorité absolue des suffrages exprimés. Au 2e tour, la pluralité des « voix suffit. Les pouvoirs expirent jour par jour à minuit.

« En même temps et dans les mêmes conditions, il est procédé « à l'élection d'un suppléant appelé à remplacer le titulaire qui « ne pourrait siéger.

« Le Conseil ne peut délibérer valablement que lorsque 3 membres « au moins assistent à la séance. En cas de partage, la voix du Pré- « sident est prépondérante.

« Dans le cas où il est cité devant le Conseil, le sous-officier mem- « bre de ce Conseil est remplacé par le sous-officier ou caporal qui « vient après lui dans l'ordre d'ancienneté ». (Art. 21 du décret du 10 nov. 1903).

« Il doit être dressé procès-verbal de l'élection, à peine de nullité « de toutes les décisions prises ultérieurement par le Conseil ». (Cons. d'Etat, 11 avril 1905).

« Dans le cas où les engagements contractés par l'ensemble des « sapeurs, à la même date, se trouvent tous expirés, le Conseil du « corps continue à fonctionner, lors même que le mandat ou l'enga- « gement de ses membres, officiers, sous-officier ou sapeur sont « arrivés à expiration ». (Cons. d'Etat, 21 juin 1907).

Le Conseil est chargé, d'une manière générale, de gérer les intérêts du Corps.

En particulier, lui est conféré le droit de recruter et d'infliger certaines peines disciplinaires, entre autres, pour infractions au règlement de service.

Ces peines sont :

« 1° La privation totale ou partielle et temporaire des immunités « ou avantages accordés aux sapeurs ;

« 2° L'amende ;

« 3° La privation du grade ; la suspension ou cassation ;

« 4° L'exclusion temporaire ;

« 5° La radiation définitive des contrôles ». (Art. 28 du décret du 10 nov.).

Ces peines ne sont applicables qu'aux sous-officiers, caporaux et sapeurs.

La privation des immunités ou avantages ne s'applique pas à la dispense des exercices de l'année territoriale ; seule, la radiation fait perdre cette dispense.

« Le maximum de l'amende doit être déterminé par le règlement « de service du corps, et suivant l'importance de la rémunération et « autres avantages accordés aux Sapeurs-Pompiers.

« Elle est retenue sur ces rémunérations et gratifications et, à « défaut, elle est recouvrée par les soins du commandant.

« Le refus d'acquitter une amende imposée entraîne l'exclusion.

« Le produit des amendes est versé à la caisse des secours du « corps ». (Art. 30 du décret du 10 nov. 1903).

L'amende, étant une peine plus forte que la privation temporaire des immunités, ne doit pas être confondue avec celle ci.

La peine de l'exclusion, pour refus d'acquitter l'amende imposée, doit être prononcée par le Conseil.

Et, outre l'exclusion, le recouvrement de l'amende peut être poursuivi devant le Juge de Paix. (Cour cassation, 24 nov. 1875).

« L'action disciplinaire du Conseil doit être précédée d'une invita- « tion à comparaître contenant l'énoncé des faits relevés, *adressée* « *huit jours au moins à l'avance.*

« Le Conseil ne peut prononcer aucune peine sans que l'intéressé « ait été mis en demeure de fournir ses explications ou sa défense.

« Toute décision prise par le Conseil doit être inscrite sur un re- « gistre spécial où il est fait mention des membres qui ont assisté à « la séance ». (Art. 31 du décret du 10 nov. 1903).

L'invitation à comparaître sera utilement faite par lettre recommandée qui devra parvenir à l'intéressé huit jours francs avant la séance, c'est-à-dire non compris le jour de la réception de l'avis et celui de la séance.

Le sapeur doit comparaître en personne ; il peut se faire assister d'un défenseur, avocat ou non. S'il ne comparaît pas, la décision prise n'en est pas moins valable.

Il importe donc que le Registre des délibérations du Conseil soit tenu régulièrement à jour.

Il convient de motiver la décision du Conseil relatant les motifs de la cause dans cette formule :

Attendu qu'il résulte de l'instruction et des débats que, etc., ou : *attendu qu'il a été reconnu que, etc.*, et ajouter une mention portant que l'inculpé *a été entendu* ou *ne s'est pas présenté.*

Les séances du Conseil ne sont pas publiques et, celà, en toutes circonstances.

Conséquemment, en dehors du Conseil des membres, de l'intéressé, de son défenseur, nul ne doit être admis à la séance.

Il est fait cependant exception pour le fourrier ou son suppléant faisant fonction de greffier pour la tenue du Registre.

« La condamnation la plus légère comme la plus grave, doit être « un avertissement pour tous ; *il convient donc qu'il en soit donné « connaissance par la voie de l'ordre* ». (Cons. d'Etat, 21 juillet 1907).

Cela implique donc la tenue d'un Registre d'Ordres.

Les décisions du Conseil en matière disciplinaire comme en matière d'engagement peuvent être déférées directement au Conseil d'Etat, statuant au contentieux, pour excès de pouvoir (1).

« Le recours est dispensé du ministère d'avocat, il est formé par « simple requête et sur papier timbré, adressée au secrétariat du « contentieux, au Conseil d'Etat, à Paris, il doit être enregistré.

« Il doit être accompagné d'une copie authentique de la décision « attaquée.

« Il est recevable dans le délai de deux mois, à dater de la notifi- « cation de cette décision ». (Art. 24, loi du 13 avril 1900).

« Les frais d'enregistrement sont taxés à 31 fr. 25 pour la requête « et à 46 fr. 90 pour la levée de la décision. Ils ne sont exigés qu'en « le cas du rejet partiel ou total du recours après l'arrêt ». (Loi du 17 avril 1906).

« Si la décision attaquée est annulée, tous ses effets disparaissent.

« Ainsi, le temps d'exclusion comptera dans la durée du service « et les indemnités et sommes dues pendant la suspension, devront « être payées au Sapeur-Pompier qui aurait obtenu gain de cause. « Il sera remis exactement dans la même situation que si la décision « annulée n'était pas intervenue ». (Rabany).

---

(1) Au Conseil supérieur a été adopté, en sa session de juillet 1913, ce vœu tendant à la composition d'un Conseil formé de 3 officiers désignés et inscrits sur la liste officielle de l'arrondissement, pour statuer, dans le cas de radiation prononcée par le Conseil du corps, et sur appel, soit du radié lui-même, soit de l'officier qui aurait demandé la radiation sans l'obtenir du Conseil.

C'est là une amélioration très utile.

Le droit d'appel est indispensable. Espérons que ce vœu fera l'objet d'un article inscrit au décret modifié du 10 nov. 1903.

IX. — Règlement de service

« Dans chaque commune, le service est réglé par un arrêté muni-
« cipal pris sur la proposition du Chef de corps et soumis à l'appro-
« bation du Préfet ». (Art. 22 du décret du 10 nov. 1903).

« Le Chef de corps peut et doit, en se conformant aux dispositions « de ce règlement, prendre toutes les mesures et donner tous les « ordres relatifs au service ordinaire et aux manœuvres, revues et « inspections pour lesquelles il doit, au préalable, aviser l'autorité « municipale ». (Art. 23, même décret).

Le pouvoir réglementaire appartient au Maire d'une façon générale en vertu de l'art. 94 de la loi du 5 avril 1884, c'est par exception que le décret du 10 nov. 1903 dispose que l'arrêté portant règlement du service doit être approuvé par le Préfet.

En effet, l'Etat considère que le service des Sapeurs-Pompiers communaux constitue de fait un service public

Et il s'y intéresse de diverses façons, notamment par des subventions.

C'est pourquoi il veut donner davantage de fixité aux règlements de leur service et en assurer l'harmonie avec les prescriptions du décret du 10 novembre 1903.

C'est logique : lorsqu'une organisation quelconque sollicite une contribution financière de quelque autorité, elle en appelle en même temps la tutelle.

Le maire ne peut ni remplacer, ni modifier l'ancien règlement sans l'approbation du chef de corps.

Le règlement de service vaut, pour le chef de corps, autorisation générale de réunir les sapeurs dans les conditions y indiquées.

L'avis prescrit par le chef au maire, est simple, et pour ordre, *sans solliciter une autorisation qui est de droit.*

Il importe que le règlement de service indique la progression des diverses amendes pour les infractions à ses prescriptions.

En bonne logique, les fautes les plus graves appellent les sanctions plus énergiques (1).

---

(1) Un type de Réglement de Service intérieur est à disposition des chefs de Corps par le Service de l'Inspection.

X. — Inspection

« Dans chaque département, il peut être nommé, par décret du « Président de la République, un Inspecteur du service des Sapeurs- « Pompiers, avec le grade de chef de bataillon ». (Art. 19 du décret du 10 nov. 1903).

« Bien que les corps soient organisés par commune, ils se trouvent « souvent réunis dans les incendies. Il ne faut donc pas qu'ils soient « étrangers les uns aux autres par le matériel, les agrès, l'instruc- « tion. Pour qu'on puisse tirer de leur réunion le maximum d'utilité, « il faut que les sapeurs des diverses communes voisines, quand ils « sont réunis, exécutent les manœuvres comme s'ils appartenaient à « un même corps, et surtout que le matériel soit utilisable dans des « conditions identiques.

« Sans doute, depuis quelques années, des concours locaux, « régionaux, nationaux même ont fait beaucoup ; de grands progrès « ont été réalisés par là, sous le rapport de la tenue, des manœuvres « et de l'amélioration du matériel ». (Rabany).

Mais cette amélioration n'a pas porté suffisamment dans les corps ruraux ; aussi le service de l'Inspection a pour but principal l'amélioration constante du service des sapeurs-pompiers, et spécialement dans les communes rurales.

L'Inspecteur, *par tous les moyens en son pouvoir*, doit tendre à des améliorations.

a. — Du matériel et de ses agrès.

En se basant exclusivement sur les besoins de défense dans la localité et ses « Ecarts » ; invitant à l'adoption du raccord symétrique réglementaire pour permettre les exercices en commun.

b. — De l'effectif.

Engageant chaque chef de corps à faire une sélection des sapeurs les plus aptes pour former une section active qui recevrait une instruction rationnelle de l'attaque des feux, des sauvetages et de la préservation ; et propageant cette instruction dans des exercices entre corps voisins réunis par petits groupes, pour rendre cette instruction le moins onéreuse tout en étant profitable, à l'aide d'un précis pratique, et de sapeurs instructeurs formés pour être mis à la disposition des chefs de corps.

L'Inspecteur doit encore veiller à ce que soient observées les règles administratives prescrites ; et tenus régulièrement les Registres nécessaires à cette administration, *pour la sauvegarde des droits des divers intéressés.*

Il doit aussi favoriser la création d'une Société amicale régulière entre les sapeurs de la commune, pour leur permettre la gestion d'une caisse légale en conformité de la loi du 1er juillet 1901.

Il doit enfin donner tous avis et renseignements concernant le service des Sapeurs-Pompiers.

« L'Inspecteur doit être l'intermédiaire entre le Préfet, et les Maires « et les Officiers en ce qui concerne les corps de Sapeurs-Pompiers « et leur service.

« C'est près de lui que le Préfet se renseigne sur la situation gé- « nérale du service ; sur certains corps dont l'organisation laisse à « désirer ; sur d'autres dont le matériel défectueux devrait être amé- « lioré ou renouvelé, et pour lequel subvention est demandée.

« Un différent surgit-il entre officier et maire ? le Préfet délègue « l'Inspecteur pour aplanir la difficulté et ramener la concorde.

« Et, s'il est nécessaire, lui adresser un rapport sur les faits ». (M. Maringer, directeur des affaires communales et départementales au ministère de l'intérieur. Conseil supérieur, 1913).

Il est donc du devoir des Officiers et des Conseils du corps comme des Municipalités de seconder les efforts de l'Inpecteur.

L'Inspection, d'ailleurs, est un service auquel tout sapeur doit se rendre, ainsi qu'à tous les services commandés sous peine des sanctions édictées par le décret du 10 novembre 1903, art. 28.

Il convient donc que dans chaque corps, information en soit donnée par la voie de l'Ordre ; et qu'au règlement soit indiqué comme service commandé « l'Inspection du Corps ».

Cette Inspection étant faite dans l'intérêt du service des secours dans la localité, les frais nécessités sont à la charge de la commune (1).

XI. — **Réunions**

« Hors le cas d'incendie ou autres secours. et les services d'ordre « ou d'escorte et d'inspection et ceux prévus au règlement, aucun

---

(1) Jusqu'à ce qu'en soit décidé le règlement à l'aide du reliquat : différence annuelle entre le produit de la taxe spéciale sur les compagnies d'assurances et la somme affectée au crédit : « Subvention aux communes ».

« rassemblement de Sapeurs-Pompiers en uniforme ne peut avoir « lieu sans l'autorisation préalable du Sous-Préfet.

« Les réunions hors la commune, ne peuvent avoir lieu sans l'au- « torisation expresse du Préfet. L'autorisation du Ministre de l'Inté- « rieur est nécessaire lorsque la réunion doit avoir lieu hors des « limites du département ». (Art. 24. du décret du 10 nov. 1903).

Le plus souvent, les réunions éventuelles hors la commune, sont motivées par des concours ou des exercices en commun.

Aussi, les autorisations ne sont jamais refusées dans la pratique ; à cette condition expresse que le service d'incendie soit assuré par un matériel suffisant et avec l'effectif nécessaire laissés dans la commune.

« La sortie d'un corps armé doit en outre être autorisée par le « Général de brigade » (Art. 2 du décret du 10 nov. 1903).

Le chef de corps doit adresser toute demande de sortie, au moins 15 jours à l'avance, et à l'officier Inspecteur qui la transmet à l'administration.

XII. — Discipline

« En contractant leur engagement, les Sapeurs s'obligent à obéir « à leurs supérieurs en tout ce qu'ils leur commanderont pour le « bien du service, sous les pénalités prévues à l'art. 28.

« L'obéissance absolue, toujours nécessaire dans un corps orga- « nisé, l'est plus encore dans un service des secours, où de l'exécution « rapide d'un ordre dépend souvent le salut des personnes et des « biens ». (Rabany).

« Le chef de corps doit lui-même obtempérer aux réquisitions de « l'autorité légale représentée par le Maire, le Sous-Préfet ou le « Préfet, à quelqu'endroit qu'il se trouve, sauf dans l'accomplisse- « ment des secours où il est chef absolu.

« La réquisition est adressée par une autorité à une autre autorité. « Elle ne peut indiquer que le but à atteindre sans entrer dans le « détaildes moyens. Elle doit s'adresser au chef responsable et non aux « subordonnés qui peuvent refuser d'obéir à d'autres qu'à leur chef « direct ; tandis que l'ordre est donné par un supérieur direct et « comporte une exécution stricte et ponctuelle ». (Rabany. Commentaires, art. 25).

« Dans un Service de secours par les Sapeurs-Pompiers, l'autorité « locale est exclusivement chargée du maintien de l'ordre ; et le soin « d'organiser et d'assurer les secours appartient exclusivement au

« Chef de corps, à défaut au Sapeur-Pompier le plus élevé en grade, « et à égalité de grade au plus âgé.

« L'autorité locale lui a donné consigne générale de combattre le « fléau et d'en réduire les ravages dans la mesure du possible ». (Rabany, sur l'art. 26 du 10 nov. 1903).

Le chef de service donne seul des ordres aux Sapeurs aussi bien qu'aux travailleurs qui prêtent volontairement leur aide, ou qui en sont requis.

Le droit de réquisition puise sa force dans la loi du 5 avril 1884, art. 97, chargeant la Municipalité « de prévenir par des précautions « convenables, et de faire cesser par la distribution des secours « nécessaires, les accidents et fléaux, tels les incendies, etc. ».

Il a pour sanction l'art. 475 du Code pénal : « Seront punis d'a- « mende de 6 a 10 francs inclus ceux qui, le pouvant, auront refusé « de prêter le secours dont ils auront été requis dans les circons- « tances d'accidents, tumultes, naufrage, inondation, incendie ou « autres calamités ».

« Le droit de réquisition doit être reconnu au chef du service « des secours, lequel se trouve en effet dépositaire de l'autorité pu- « blique, puisque le décret de 1903, art. 26, lui confie la direction et « l'organisation des secours ». (Rabany).

« Le chef du service des secours peut charger le garde cham- « pêtre, un sous-officier, même un simple sapeur, d'assurer l'exé- « cution d'un ordre de réquisition pris en vertu des pouvoirs qui lui « sont conférés dans l'exercice de ses fonctions ». (Rabany).

Comme il s'agit de combattre un fléau qui peut naître à chaque instant, la loi n'a assujetti la réquisition à aucune formule spéciale. Toutefois, « il est nécessaire que l'auteur de la réquisition fasse « connaître à la personne requise son titre et ses qualités ». (Cass. 8 avril 1854).

« En cas d'incendie, les appels de secours ou avertissements télé- « graphiques ou téléphoniques sont transmis avant tous les autres ; « avec franchise, pour les télégrammes, et sur réquisition écrite, pour « les appels téléphoniques ». (Post. et tél., 28 nov. 1904).

Il arrive que le Chef de Corps, soucieux de ménager les deniers de la commune et le temps de ses hommes, hésite de porter les secours, lorsqu'il s'agit d'un incendie éloigné.

Cependant, et surtout de nuit, dans nos campagnes, il est bien difficile d'apprécier le lieu exact de l'incendie ; c'est-à-dire s'il est sur le territoire de la commune.

Aussi, à notre avis, *et chaque fois qu'il n'est pas nettement contre-indiqué*, on doit, sans hésiter, se rendre au secours ; en petit nombre, soit, mais de façon à être de quelque utilité.

Evidemment, la responsabilité de la commune se trouve engagée de ce fait.

L'équipe arrivée sur les lieux de l'incendie, le chef fait son devoir ; s'il est le premier arrivé, il organise les secours ; il en assure la direction pour la laisser, s'il y a lieu, en se conformant à l'art. 26 du décret du 10 nov. 1903.

Si l'action contre le feu est déjà engagée, il devra signaler sa présence à l'Officier qui dirige les secours, *se tenant à sa disposition avec effectif et matériel.*

Le fait seul, pour le directeur des secours, de ne pas décliner l'offre ainsi formulée, engage, à notre avis, la commune assistée, lors même que cette assistance n'aurait pas été utilisée

En effet, si l'Officier directeur des secours n'a pas décliné l'offre de l'équipe étrangère, c'est qu'il estimait en avoir besoin.

Conséquemment, tous les frais occasionnés incombent à cette commune.

Par contre, si l'offre est déclinée, le devoir du chef est de ramener son équipe immédiatement, pour ne pas faire de plus grandes dépenses pour sa commune.

C'est là qu'est démontrée l'utilité des cyclistes, à défaut du téléphone : L'un d'eux file dans la direction de l'incendie, avec la mission d'offrir l'assistance d'une équipe avec matériel.

Dans le cas où cette offre n'est pas acceptée, retournant immédiatement, il rencontre l'équipe, informe le chef qui la ramène.

La dépense est alors insignifiante.

XIII. — **Uniforme.**

L'Uniforme qui autrefois était obligatoire dans les communes au-dessus de 3.000 habitants est aujourd'hui partout facultatif. En fait, chaque commune habille ses Sapeurs comme elle l'entend ; et même pas du tout si la municipalité en décide ainsi.

Evidemment, l'uniforme n'est pas indispensable pour aller à l'incendie ou à tous autres travaux de secours, mais il aide au recrutement ; car les Sapeurs, envisageant les réunions entre corps voisins et les concours d'instruction, désirent y faire bonne figure, de même qu'aux obsèques commandées.

L'uniforme est nécessaire si le Corps fait une sortie en armes.

Mais si l'uniforme est décidé, il doit être du modèle réglementaire :

(Sapeurs-Pompiers de Paris), avec les boutons blancs ainsi que les insignes du grade et les épaulettes ou pattes d'épaules des Officiers ; sauf la dragonne du sabre qui, dans toutes les armes, est en or.

L'Etat n'accorde la subvention spéciale que pour la tenue dite de feu : le casque, la veste longue en drap et le pantalon de treillis. Mais pour la raison indiquée plus haut que dans nos Corps ruraux l'uniforme doit être mieux une tenue simple mais propre pour assister aux réunions, il convient de la comprendre ainsi dans chaque Corps pour arriver à cette uniformité désirable : veste extra-longue en drap de nuance réglementaire bleu noir, pincée à la taille, et fermée avec 7 boutons blancs en étain ; pantalon de drap gris bleuté avec passepoil rouge ; képi réglementaire (1) demi-saumur ganse laine rouge avec grenade rouge et la jugulaire cuir maintenue par des boutons blancs (2).

Aux réunions d'instruction, manœuvres ou concours, le Sapeur doit porter cette tenue en y ajoutant le casque, modèle Paris 1885 pratique et léger, la ceinture de manœuvre et les jambières cuir cirées et lacées.

Le casque doit être considéré objet d'équipement, comme la ceinture et les jambières.

Les insignes du grade sont :

Pour les caporaux : 2 galons en laine écarlate de 22 m/m de largeur en pointe sur chaque manche ;

Pour les sergents, même forme et largeur en argent, simple ; double pour le sergent-major ;

Le fourrier porte le galon de la fonction obliquement sur le haut de chaque manche et plongeant du dehors en dedans ;

Les chevrons d'ancienneté sont admis : un par période de 5 ans de service ; ils sont en laine écarlate de 22 m/m et en pointe, sur la manche gauche seulement.

Il existe des insignes pour les fonctions spéciales.

Il est à désirer que cette tenue soit adoptée dans tous les Corps à l'exclusion de toutes autres, et d'après un type déposé à la Préfecture à la disposition des Maires.

---

(1) Le turban de velours noir au képi est conservé seulement pour les Officiers.

Attributs : pompons et plumets sont supprimés pour les Sous-Officiers, Caporaux et Sapeurs.

(2) De cet habillement et équipement, ne peuvent être compris dans la demande de subvention à l'Etat que la veste longue, le pantalon de treilliis et le casque (demander modèle 1885).

Pour les Officiers la tunique de drap bleu-noir est fermée avec 9 boutons blanc argent. Au col est une grenade d'argent sur écusson de velours noir passepoilé rouge. Aux manches, une patte de velours noir passepoilé rouge avec 3 boutons blanc argent (1).

Les galons en argent de 7 millimètres de largeur sont placés en travers et parallèlement à une distance de 4 millimètres.

S'il est seul, le galon est placé à hauteur de la patte ; le second, plus bas et le 3e, plus haut, dépassant la patte, fait le tour complet de la manche.

Aux épaules : pattes de trèfle ou passants d'épaulettes, et épaulettes règlementaires sont en argent.

Le pantalon est de drap bleu-gris avec bande écarlate de 4 à 5 centimètres.

Au képi, le pompon supprimé est remplacé par le plumet rouge tombant qui est porté exclusivement pour la grande tenue, avec olive et grenade argent sur cocarde tricolore.

La grande tenue implique les gants blancs et la dragonne or ; la tenue de sortie implique les gants de nuance (jaune-brun), et la dragonne de cuir-noir.

L'officier peut porter la pèlerine longue ou la capote-manteau (noir ou gris de fer bleuté).

Les Officiers peuvent porter l'uniforme chaque fois qu'ils ont à se rendre à un service ou à une réunion de corps.

Mais les Sapeurs ne doivent pas porter l'uniforme en dehors de leur service commandé.

C'est à l'officier d'y veiller — d'ailleurs celui qui enfreint la défense s'expose à peine disciplinaire.

Les Sapeurs-Pompiers en mission à l'étranger ne peuvent y porter l'uniforme sans l'autorisation expresse du Ministre de l'Intérieur.

XIV. — **Armement. — Tir. — Gymnastique**

L'armement nous semble inutile si ce n'est pour les services d'ordre et d'escorte. Il est facultatif.

Si les Sapeurs veulent s'exercer au tir. ce ne peut être toutefois avec les fusils d'anciens modèles qui leur sont confiés.

Pour ces exercices du tir, le Ministre de la Guerre met à la disposition des Corps des armes modernes, et délivre des cartouches à

Les attributs de la territoriale sont supprimés au col.

titre remboursable, sous la réserve qu'il y ait constitution d'une société régulière de tir, d'après la loi du 1er juillet 1901. (1).

Il est évident que cette société peut être constituée aussi bien dans les corps non armés.

Nous estimons que partout où cela serait réalisable, au moins obligatoirement dans chaque chef-lieu de canton, devraient être installés, et des agrès pour la gymnastique rationnelle nécessaire aux Sapeurs-Pompiers ; et aussi un stand pour l'exercice du tir, à distance suffisante.

Cet établissement, mis à la disposition des élèves des écoles, sous la conduite de leurs maîtres ; aussi des jeunes gens et de toutes personnes voulant y prendre part, moyennant rétributions à déterminer pour en couvrir les frais, ne saurait être mieux placé que sous la direction des Officiers de Sapeurs-Pompiers.

XV. — **Drapeau**

« Les corps de plus de cent hommes armés du fusil, peuvent seuls
« avoir un drapeau aux couleurs nationales du modèle de l'armée,
« *mais avec franges en argent.*

« Ce drapeau n'a pas droit aux honneurs militaires.

« Les autres corps peuvent avoir un fanion ». (Art. 35 du décret du 10 nov. 1903).

En fait, chaque corps possède un drapeau, et c'est à cause de cette profusion que, assimilés à ceux de Sociétés diverses, ils ont perdu leur caractère particulier.

Il convient d'en éviter la sortie hors de la commune et, dans la commune, ne le sortir que dans les quelques circonstances prescrites par le règlement.

D'ailleurs, le drapeau ne doit sortir qu'avec l'autorisation du chef de corps qui peut le tenir à son domicile.

A défaut, il doit être déposé à la Mairie.

Dans les réunions régionales de Sapeurs-Pompiers dont l'effectif peut former un bataillon, le drapeau de ce groupement peut être présenté avec l'autorisation du Chef de bataillon Inspecteur.

Ce drapeau est alors considéré comme celui du bataillon départemental.

Aucun autre drapeau ne saurait être admis dans ces réunions régionales sans retourner à la confusion.

---

(1) Quelques articles concernant le tir et la gymnastique peuvent être ajoutés aux Statuts de l'Amicale.

XVI. — Marques extérieures de respect

« Les gradés des corps des Sapeurs-Pompiers revêtus de leur « uniforme, ont droit de la part des militaires de l'armée active et « de ses réserves, aux-marques extérieures de respect prévues par « les règlements.

« Les Sapeurs-Pompiers en uniforme, gradés ou non, doivent les « mêmes marques de respect aux militaires de grade supérieur au « leur. A égalité de grade, le Sapeur-Pompier salue le premier.

« Le Sapeur qui aurait manqué à ce devoir et contre lequel une « plainte serait parvenue au commandant Inspecteur, devrait être « traduit devant le Conseil de son corps qui aurait à appliquer une « des peines disciplinaires prévues à l'art. 28 du décret du 10 nov. « 1903 » (Art. 39 du même décret).

Les marques extérieures de respect consistent dans le salut militaire.

« Tout inférieur doit le salut à son supérieur, soit de jour, soit de « nuit.

« Les gendarmes ne doivent pas le salut aux sous-officiers étran- « gers à leur corps.

« Les militaires décorés de la médaille militaire ont droit au salut « des militaires de même grade non décorés. (Décret 1891, Service des places).

Par assimilation, le Sapeur doit saluer les gradés : gendarmes, douaniers et forestiers et, par déférence, les Préfets, Sous-Préfets, etc. en uniforme ; les magistrats municipaux ceints de leur écharpe, et les membres des assemblées délibérantes porteurs de leurs insignes.

XVII. — Honneurs et Récompenses, Décorations

Une loi du 16 février 1900 a institué une médaille spéciale pour les Sapeurs-Pompiers (1).

---

(1) Cette loi du 16 février est soumise au Parlement pour modification, notamment la réduction des services exigés.

M. Maringer, Conseiller d'Etat et directeur au ministère de l'Intérieur, s'exprimait ainsi dans une réunion :

« Dorénavant, la médaille de sauvetage sera accordée quand, en accom-

Cette médaille est en argent, elle est accompagnée d'un diplôme.

Elle est remise au titre « ancienneté » à tout sapeur qui a fait preuve de dévouement pendant trente années de services, y compris le service militaire. (Loi du 31 mars 1903, art. 65).

Elle est accordée, par décret du chef de l'Etat, à tout sapeur, quelle que soit la durée de ses services, qui se sera particulièrement distingué, conformément à l'art. 32 du décret du 29 décembre 1875 et 10 janvier 1876.

« En cas de condamnation criminelle ou correctionnelle, la mé-« daille est retirée par décision du chef de l'Etat ». (Art. 40, décret du 10 novembre 1903).

La proposition pour la médaille spéciale peut être faite lors même que le proposé aurait quitté le service actif.

La formule doit être sous forme de notice individuelle, dressée par le chef de corps sur feuille double pour former chemise et constituer le dossier de l'intéressé ; doivent y être joints : son extrait de naissance et le bulletin n° 2 de son casier judiciaire.

Le dossier est remis au Maire qui doit le transmettre avec avis à son Sous-Préfet.

Chaque mairie doit posséder de ces formules. Les pièces doivent être sur papier libre et légalisées.

Tout sapeur ayant été frappé par le Conseil du corps de la peine de privation du grade ou de l'exclusion temporaire, ne peut être proposé pour la médaille.

Le sapeur peut en outre prétendre à toutes distinctions pour actes de courage et de dévouement qui ne se confondent pas avec la médaille spéciale des Sapeurs-Pompiers.

« plissant un acte de dévouement, le Sapeur-Pompier aura mis ses jours en « danger.

« Et la médaille d'honneur, paragraphe 2 de la loi du 16 février 1900, « sera réservée à ceux qui se seront particulièrement distingués ; s'ils sont « officiers, par la bonne organisation d'une compagnie ou d'une subdivi-« sion ; s'ils sont sous-officiers, caporaux ou simples sapeurs, par leur dé-« vouement, ou le zèle dans l'accomplissement de leur service ».

Paris, 29 mars 1913.

Nous espérons donc deux médailles spéciales aux Sapeurs-Pompiers : différenciées dans le métal.

L'une en argent — actuelle — à l'ancienneté : du Ministre ;

L'autre en vermeil, avec le même ruban porté à la largeur règlementaire (37 millimètres), réservée au mérite : du Président de la République.

Le sapeur peut prétendre encore à la croix de la Légion d'honneur.

La loi du 28 janvier 1897 mettait annuellement cinq croix de chevalier à disposition du ministère de l'intérieur pour les sapeurs communaux.

Par une loi récente du 31 juillet 1913, a été modifié le contingent annuel des croix de la Légion d'honneur.

De l'art. 3, le parag. 4, art. 5, loi du 26 juillet 1912 est ainsi modifié :

« ...... par le ministère de l'intérieur, dix croix de chevalier « par an, en faveur des sapeurs-pompiers communaux. »

Art. 4. — Dès la promulgation de la loi,

« ..... Cinq croix seront mises immédiatement à la disposition « du ministre pour être attribuées. »

Les propositions doivent être faites conformément aux règles de la chancellerie.

Le port des décorations semble être le mieux ainsi pour les sapeurs-pompiers, sur l'uniforme, à hauteur du deuxième bouton :

La Légion d'honneur.
La médaille militaire.
La médaille des sapeurs-pompiers, au titre mérite.
La médaille de 1870.
Les médailles campagnes, colonies.
La distinction universitaire.
La distinction mérite agricole.
Les médailles d'honneur, sauvetage.
La médaille des sapeurs-pompiers, au titre ancienneté.
Les décorations étrangères.

« Tous les insignes à l'effigie de la République doivent présenter « la face sur laquelle se trouve cette effigie (art. 2 décret 10 mars « 1891).

« Sur l'uniforme, toutes les décorations doivent être portées avec « leurs insignes réglementaires.

« Le port des rubans ou rosettes seuls est interdit (art. 5, même « décret. »

Aux termes de ce décret, « il ne peut être porté que les décorations « françaises décernées au nom de l'Etat, ou les décorations étrangères « dont le port a été autorisé.

« Toutes autres distinctions à caractère de décoration et comportant « tant le ruban, autres que celles autorisées par la Chancellerie, sont « rigoureusement interdites.

« Elles sont illégales, et peuvent exposer ceux qui les portent à « des poursuites judiciaires ». (Circul. minist. septembre 1910).

« Cependant s'il s'agit, non pas de distinctions accordées par des « sociétés, mais de la médaille de la mutualité décernée par le minis- « tre de l'intérieur, celle-ci peut être portée sur l'uniforme ». (Loi du 1er avril 1898, art. 39).

La médaille de mutualité se porte alors après les médailles d'honneur.

Si les médailles d'honneur pour sauvetages et actes de courage sont toutes portées, parce que chacune d'elles marque un fait distinct, nous croyons que le sapeur qui a obtenu plusieurs médailles dans la Mutualité, ne doit porter que celle de l'ordre le plus élevé, ainsi qu'il est de règle dans d'autres ordres où la rosette supplée à une seconde décoration.

Dans tous les cas, il convient de placer au mieux les décorations et de n'y mêler aucun objet — chaîne de montre ou breloque — dont le port est d'ailleurs de mauvais goût sur l'uniforme.

XVIII. — **Honorariat**

« Les anciens officiers de sapeurs-pompiers qui comptent au moins « 25 années d'activité et qui ont fait constamment preuve de dévoue- « ment dans le service, peuvent être nommés, par décret du Président « de la République, officiers honoraires avec leur dernier grade ou « le grade immédiatement supérieur.

« Aucune condition de temps n'est exigée des officiers qui ont dû « résigner leurs fonctions à la suite de blessures reçues ou de mala- « dies contractées en service commandé. L'honorariat confère le « droit de porter dans les réunions de corps ou de service l'uniforme « du grade concédé ». (Art. 41 décret 10 nov. 1903).

Seuls entrent en compte les services aux sapeurs-pompiers.

C'est le Conseil du Corps qui est le mieux qualifié pour demander l'honorariat.

La demande peut être faite lors même qu'un certain temps se serait écoulé après que l'intéressé aurait quitté l'activité.

Elle peut être remise utilement à l'Officier Inspecteur, qui la transmet avec avis à l'administration préfectorale.

L'officier honoraire doit s'abstenir de fournir tout service actif. S'il venait à être blessé, il n'aurait droit à aucun secours ; d'ailleurs, il n'a plus le droit au commandement ; qu'il se borne donc à donner ses bons avis.

L'uniforme est le même que pour l'activité, sauf que la grenade du col est remplacée par une étoile à cinq pointes, en argent.

Le décret ne contient aucune disposition relative à l'honorariat des sous-officiers et des sapeurs.

Si l'uniforme du sapeur-pompier peut être laissé au titulaire, nous conseillons aux chefs de corps de proposer l'honorariat au Conseil du Corps qui a qualité pour le conférer.

C'est une satisfaction en même temps qu'un honneur. Formulé sur le registre des délibérations, il permet le port de l'uniforme dans les réunions de sapeurs-pompiers.

Le sapeur honoraire n'a rien de commun avec le membre honoraire de la société civile des sapeurs-pompiers.

XIX. — **Devoirs du Chef de Corps**

Le chef doit, d'une manière générale, assurer le service en se conformant aux Règlements.

Il en assume l'entière responsabilité dans la gestion et dans la direction.

La gestion doit donc être conforme aux dispositions légales.

Tendant à une organisation rationnelle des secours — matériel et effectif — il doit proposer au maire toutes modifications nécessaires au règlement du service.

Il doit formuler d'ailleurs toutes demandes ou propositions concernant l'amélioration du service et, à plus forte raison, son bon entretien.

Aux prises avec difficulté quelconque concernant le service ou sa mission, le chef de corps fera, sans hésiter, appel à son officier Inspecteur.

Le chef s'honore en témoignant la déférence envers l'administration.

En respectant la légalité, il facilite l'accomplissement de sa mission.

Il force l'estime de tous : directeurs et subordonnés..

———o———

III

ANNEXE

Société de Secours Mutuels des Sapeurs-Pompiers

Secours Mutuels des Sapeurs-Pompiers

I. — Exposé

L'organisation de la Société de secours mutuels doit être complètement distincte de celle du Corps des sapeurs-pompiers.

Son Conseil d'administration n'a rien de commun légalement, donc effectivement, avec le Conseil du Corps des Sapeurs-Pompiers, car les deux organisations procèdent de lois différentes.

Le Corps des Sapeurs-Pompiers est placé sous le régime du décret du 10 novembre 1903, et il dépend du ministère de l'Intérieur.

La Société des secours mutuels est sous le régime de la loi du 1er avril 1898 ; elle dépend du ministère de la Prévoyance.

Par voie de conséquence, le Sapeur ne peut donc être mis dans l'obligation de faire partie de la Société des secours mutuels.

Par contre, des avantages appréciables étant généralement accordés à la Société des secours mutuels des Sapeurs-Pompiers, à cause de leur service, il n'est pas juste que le Sapeur ayant quitté le corps, continue à profiter de ces avantages comme ses camarades mutualistes qui assurent leur service de sapeurs-pompiers.

Nous conseillons les Corps de Sapeurs-Pompiers qui n'ont pas de Société de secours mutuels déclarée, de faire les démarches nécessaires pour entrer en bloc dans la Société civile qui existe aujourd'hui dans chaque commune.

Dans l'impossibilité, nous conseillons la Société de secours mutuels *déclarée*, conformément à la loi du 1er avril 1898, pour profiter de ses avantages sérieux :

a) Placement des fonds à la Caisse des Dépôts et Consignations, productifs d'intérêt à 4 fr. 50 ;

b) Allocation annuelle pour chaque Sociétaire participant de 50 centimes s'il est âgé de 55 ans et moins et de 1 franc s'il est âgé de 56 ans et plus ; toutefois cette allocation n'est accordée que si la cotisation annuelle des participants est de 6 francs *au minimum*.

Il importe que les statuts généraux établissent bien la situation du participant ayant quitté le Service des Sapeurs-Pompiers.

Suivant le principe admis aux ministères de l'Intérieur et de la Prévoyance, le participant demeurait de droit à la Société des secours mutuels lors même qu'il n'était plus inscrit sur les contrôles du Corps des Sapeurs-Pompiers.

Par son arrêt en date du 21 juin 1912, le Conseil d'Etat n'a pas admis cette thèse ; et conséquemment, le fait d'être radié des contrôles entraîne la radiation du Participant mutualiste.

Encore faut-il que cette clause figure dans les statuts — afin d'éviter tous désagréments éventuels — c'est-à-dire soit acceptée de fait par tous les participants, à leur inscription.

A défaut de cette clause, le participant radié pour ce fait qu'il n'est plus Sapeur-Pompier, pourrait porter le cas devant le Tribunal civil de l'arrondissement, susceptible d'appel devant la Cour.

Cela lui occasionnerait des frais qui le feraient réfléchir ; mais s'il ne pouvait les supporter, il pourrait demander et obtenir l'assistance judiciaire.

Si l'organisation et l'administration de la Société mutuelle sont différentes de celles du Corps, il en est de même pour la gestion qui exige une comptabilité spéciale.

« Les fonds des Sociétés de secours mutuels ne peuvent couvrir
« que des dépenses mutuelles énumérées aux statuts.

« Tous autres emplois en dépense sont interdits.

« Conséquemment, ne doivent figurer au compte des recettes
« que des produits ayant une affectation de mutualité nettement dé-
« terminée ». (Déc. minist. 23 juin 1886).

Les indemnités en suite d'accidents de service étant à la charge de la commune (loi du 5 avril 1851, art. 3 et suivants ; loi du 31 juillet 1907, emploi de la subvention annuelle provenant de la taxe sur les Compagnies d'assurances) la Société des Secours mutuels ne doit au participant « Sapeur accidenté » aucun secours de maladie, si cette maladie est reconnue conséquente de l'accident.

En ce cas, il appartient au Président de la Société d'informer le Chef de Corps aux fins de démarches utiles dans l'intérêt de l'accidenté.

Les mêmes lois de 1851 et de 1907 mettent aussi à la charge de la commune les allocations de vieillesse aux Sapeurs ayant atteint 60 ans et accompli 30 années de services.

La quotité fixée chaque année par le Conseil municipal ne peut être importante ; mais ces allocations devenant plus nombreuses avec l'ancienneté des Corps, une organisation au moins départementale est nécessaire pour faciliter cette charge à la commune — au moyen de versements annuels à une Caisse autorisée qui aurait mission d'assurer ce service des allocations de vieillesse (1).

(1) Caisse des Sapeurs-Pompiers de l'Ain, par l'Union départementale.

Evidemment la Société des secours mutuels des Sapeurs de la commune peut assurer une retraite à ses membres participants ; mais nous croyons qu'elle fera œuvre plus utile en affectant la part des fonds qu'elle pouvait destiner à ces retraites, en constituant une Réserve pour des secours éventuels de solidarité envers les participants Sapeurs dans le besoin : dons et même prêts à court terme.

C'est une forme heureuse de la Mutualité que nous conseillons.

Il est avéré que les frais médicaux et pharmaceutiques grèvent de plus en plus le budget des Sociétés de secours mutuels.

La cause en est dans les besoins toujours plus grands de la vie : les intéressés n'ont plus la même retenue sur ces dépenses ; il n'est plus ordonné de même : telle spécialité coûteuse est substituée à remède simple et de prix modique qui ne soulageait pas plus mal. Les docteurs ont dû augmenter le prix de leurs soins. Simple constatation, déplorable pour le budget de nos sociétés mutuelles de maladies.

Aussi nous conseillons de supprimer nettement le remboursement des frais médicaux et pharmaceutiques, et d'augmenter par compensation et de façon raisonnable le taux de l'indemnité journalière pour incapacité de travail.

La Société s'en trouvera d'autant mieux que le service des visiteurs sera bien assuré.

Aux Sociétés de secours mutuels des Sapeurs-Pompiers qui ont des fonds libres, nous conseillons ce placement qui est avantageux en même temps qu'utile aux Sapeurs-Pompiers :

Très souvent des communes sont gênées dans leur budget pour améliorer leur matériel des secours ou l'habillement des Sapeurs-Pompiers.

La Société pourrait consentir à la commune un prêt amortissable et à taux légèrement plus élevé que celui servi par la Caisse des dépôts et consignation.

C'est licite, et c'est être utile à la municipalité et au Service des secours.

Pour remboursement, le Conseil n'a qu'à inscrire à son budget annuel la subvention nécessaire au chapitre Sapeurs-Pompiers.

Evidemment, il ne peut être envisagé que des fonds libres appartenant à une Société de Secours mutuels régulière de Sapeurs-Pompiers.

En aucun cas il ne saurait être question de Corps des Sapeurs-Pompiers, qui n'ont pas qualité légale.

II. — Type de Statuts généraux d'une Société de secours mutuels de Sapeurs-Pompiers

1. — Entre les Sapeurs-Pompiers de la commune de........... il est formé une Société de secours mutuels, en conformité de la loi du 1er avril 1898.

2. — La Société a double but envers ses membres participants :

Secours dans la maladie ;

Secours dans le besoin.

3. — Secours de maladie :

Au participant placé dans l'incapacité temporaire de travail par blessures ou maladies contractées en dehors de leur service de Sapeur-Pompier, une indemnité journalière décomptée dès le 1er jour et pendant toute la durée de l'incapacité, limitée toutefois à 180 jours.

4. — L'indemnité est réglée, au gré de l'intéressé, à raison de 1 fr. 50 pendant la 1re période de 60 jours ; 1 fr. pendant la 2e période et 0 fr. 50 pendant la dernière période de 60 jours.

5. — La Société ne peut continuer au delà de ces limites. L'incapacité est alors considérée permanente ou la maladie chronique.

6. — Secours dans le besoin :

Afin de continuer cependant dans la mesure du possible un soulagement envers le participant en ce cas, et pour permettre la solidarité dans tous les cas envers les participants sapeurs dans une situation difficile, est constitué un fonds de réserve alimenté, ordinairement du 5e des cotisations annuelles, et extraordinairement des divers produits affectés à la Société de secours mutuels.

7. — Ces secours éventuels sont remis aux intéressés en conformité d'un règlement spécial de gestion de ce service annexé aux présents statuts.

8. — Les ressources de la Société se composent des cotisations des membres participants et des membres honoraires, des produits divers de subventions, dons, collectes, etc., ayant affectation nettement déterminé de mutualité.

9. — La cotisation est annuelle. Fixée à 6 francs pour les participants, elle peut être acquittée par mensualités.

10. — Ne peuvent être admis comme participants que les sapeurs inscrits sur les contrôles du corps.

Tout sapeur qui désire participer aux avantages de la Société de secours mutuels, doit en formuler la demande adressée au Président.

11. — Si pour une cause quelconque, le participant se trouvait radié des contrôles du corps, il serait conséquemment radié de la

Société de secours mutuels, sans que celle-ci soit tenue envers lui à aucun remboursement.

12. — Par exception, le sapeur mis dans l'obligation de quitter le corps, soit en suite d'accident de service au corps, soit ayant atteint les limites minimum : 55 ans d'âge et 25 ans de service au corps, continue de plein droit à participer aux avantages des participants.

13. — Le participant en retard dans ses cotisations encourt le risque de n'être pas secouru.

14. — Le membre honoraire doit la cotisation annuelle de 3 francs payable dans le 1er trimestre.

En retard de deux cotisations, il est radié.

15. — Toute personne ayant effectué un versement de 20 francs au minimum est proclamé membre bienfaiteur et en reçoit le diplôme.

16. — Les Sapeurs-Pompiers assistent en uniforme aux obsèques des membres de leur société de secours mutuels.

17. — Les mutualistes composent l'assemblée générale qui désigne au scrutin secret le Conseil d'administration, pris moitié parmi les honoraires et moitié parmi les participants.

18. — Le Conseil est renouvelable par tiers tous les deux ans. Tiercement par le sort.

Il choisit son bureau : président, adjoint, secrétaire, trésorier, censeur.

Le président et le trésorier sont choisis parmi les honoraires.

19. — En cas de dissolution, il serait procédé conformément à la loi.

20. — Toutes les questions de détail sont définies dans un règlement d'administration en concordance avec ces statuts.

***

Ce n'est que sollicité et seulement à titre d'indication que nous donnons ce type de statuts.

Cependant, il ne faut pas omettre les articles essentiels 10, 11 et 12.

Nous croyons devoir rappeler les prescriptions de la loi, relatives à la constitution d'une société de secours mutuels, loi du 1er avril 1898 :

Art. 3. — L'administration ne peut être confiée qu'à des Français majeurs, non déchus de leurs droits civils ou civiques.

Les membres du Conseil sont nommés par le vote au bulletin

secret ; ils ne peuvent être choisis que parmi les membres participants et honoraires.

Art. 4. — Un mois avant son fonctionnement, les fondateurs de la Société doivent déposer en double exemplaire les statuts avec la liste des administrateurs,

Le dépôt a lieu, contre récépissé, à la Sous-Préfecture de l'arrondissement.

Tout changement dans les statuts ou dans la direction doit être notifié dans les mêmes conditions.

Art. 5. — Complété par la loi du 5 décembre 1908.

Les statuts déterminent :

1° Le siège social ;

2° Les conditions et mode d'admission et d'exclusion tant des membres participants que des membres honoraires :

3° La composition du Bureau et du Conseil d'administration ; la nature et la durée de leurs pouvoirs ; les conditions de vote l'assemblée générale ;

4° Les obligations et les avantages des participants ;

5° Le montant et l'emploi des cotisations et le mode de placement des fonds.

Art. 7. — Dans les trois premiers mois de chaque année, le Bureau de la Société de secours mutuels doit dresser un état statistique de son effectif et de sa situation financière, selon une formule reçue de la Préfecture et à laquelle elle doit faire retour dans le plus bref délai.

Art. 11. — La dissolution volontaire dont les statuts doivent prévoir les conditions, ne peut être prononcée que dans une Assemblée convoquée à cet effet, et à la condition de la majorité des deux tiers des membres présents et de celle des membres inscrits.

Toutes pièces, états et quittances relatives aux sociétés de secours mutuels sont dispensés du timbre.

BOURG. IMP. DU COURRIER DE L'AIN.

www.ingramcontent.com/pod-product-compliance
Ingram Content Group UK Ltd.
Pitfield, Milton Keynes, MK11 3LW, UK
UKHW022123260726
13993UKWH00003B/1193

9 782329 154886